위대한 기업은
변화하는 고객 니즈에
집중한다

CUSTOMER-DRIVEN DISRUPTION

CUSTOMER DRIVEN

위대한 기업은
변화하는 고객 니즈에
집중한다

수만 사카르 지음 | 이경아 옮김

DISRUP
TION

사랑과 격려와 응원을 주신
나의 어머니 딥티 사카르와 나의 아버지 란잔 사카르께
이 책을 바칩니다.

고객의 니즈를 알면서
왜 해결하지 못하는가

나의 직업은 경영 컨설턴트다. 내 이웃에는 포춘 100대 기업 최고 재무 관리자CFO가 산다. 우리는 일과 관련된 이야기를 많이 나눈다. 한번은 바비큐 파티를 하는 내내 둘이 공급망에 대한 대화를 계속한 적도 있다. 물론 이 책에 대해서도 이야기를 나눴다. 그런데 나는 그의 말을 듣고 정말 놀랐다. "왜 고객에 대한 책을 쓰시죠? 기업 리더라면 고객이 중요하다는 사실은 압니다. 너무 진부한 주제예요. 누구나 동의할 만한 이야기잖아요."

나는 이렇게 답했다. "그렇게 말씀하신다면, 맞습니다. 그런데 아는 것과 행동에 옮기는 것은 다릅니다."

이 책은 실천에 관한 것이다. 고객이 중요하다고 주장하는 임원들도 자신들의 고객 니즈가 무엇인지 또는 어떻게 니즈를 해결할지에 대한 답을 항상 아는 것은 아니다. 방법을 알아도 시도하는 것은 두려워한다. 시도조차 하지 않는 리더들도 있다. 수년 동안 나는 포춘 500대 기업 중 40개 기업의 리더를 컨설팅한 결과, 아래와 같은 회의 분위기를 안타까울 정도로 많이 접했다.

주요 글로벌 배송 서비스 기업(빅 D라고 하자)의 CEO는 자신의 소매 고객들이 지역 매장에서 집까지 배송 서비스를 제공해주기 원한다는 것을 알게 됐다. 배달 서비스에 대한 수요가 증가하는 중이다. 그러나 배달 서비스에 제품보다 더 큰 비용이 드는 경우가 많다. 빅 D는 다른 계획을 세웠다. 고객들에게 빅 D가 드론이나 로봇 배송 시스템을 개발할 때까지만 직접 소포를 찾아가도록 설득한 것이다. 빅 D의 이사회는 기술에 돈을 쓰는 것에 이견이 없었으나 CEO는 드론을 개발하는 데 시간이 오래 걸려서 스타트업이나 아마존 Amazon이 더 좋은 솔루션을 먼저 들고나올 것이라는 사실을 알았다. 빅 D의 CEO는 배달 서비스 아이디어에 마음을 열고서 내 팀원 중 한 명(그가 존중하고 신뢰하는 빅 D 출신의 프레드)과 이야기를 나눈 뒤 회사의 임원 한 명에게 우리 팀을 만나라는 지시를 내렸다.

나와 프레드는 혁신 팀장 배리에게 발표하러 갈 때 아이디어를 공개할 생각에 들떠 있었다. 우리는 배리에게 이미 발표 자료를 보내놓은 상황이었다. 서로 인사를 나눈 뒤 내가 말했다. "배리 씨, 어떻게 할까요? 저희가 미리 발표 자료를 전달해드렸는데, 질문이 있으신가요? 아니면 발표를 먼저 시작할까요?"

"자료는 읽어봤습니다. 그래도 처음부터 다시 들어봅시다."

우리는 그에게 트럭 대여와 재생 포장용지(고객의 또 다른 불만은 마분지 상자 포장이었다) 사용으로 빅 D가 당일 지역 배송을 현재의 절반 비용으로 제공할 수 있는 방법에 대해 발표했다. 배리는 우리의 발표를 끝까지 들었지만 지루한 기색이었다. 그의 반응은 이랬다. "저희는 빅 D입니다. 저희에겐 저희만의 기준이라는 게 있습니다. 껌이나 이쑤시개 배송에 이런 방법을 쓰라는 말씀인가요!"

나는 이렇게 말하고 싶었다. "고객이 원한다면요. 피자를 시킬 때 저는 따뜻한 피자만 먹을 수 있다면 피자가 삼륜 오토바이로 배달되든 아니든 상관없습니다." 그러나 그 말을 입 밖에 내지는 않았다. 그와 대립할 이유가 없었다. 그는 자신의 직속 상사의 상사가 우리를 만나라고 해서 이 자리에 나온 게 틀림없었다. 대기업의 다른 중간 관리자들처럼 그도 조직 내에서 그의 자리를 위협할 무언가를, 특히 새로운 것을 시도하기보다는 아이디어를 백지화하는 편을 택할 것이다.

이런 식의 대화는 정말 나를 맥 빠지게 만든다. 이러한 안타까움과 단기 투자 수익에 눈이 멀어 고객의 니즈를 무시하고 새로운 아이디어를 묵히는 리더가 있는 기업은 실패한다는 생각에서 이 책이 탄생했다. 이 책은 변화에 대한 호소이자 지침이다. 다른 방식을 시도할 용기가 있는 리더는 산업을 뒤흔들고, 그럴 능력이 없거나 의지가 없는 리더가 이끄는 기업을 무너뜨릴 것이다. 나는 당신이 이 책에서 영감을 얻어 디스럽터disruptor(파괴적 혁신 기업—옮긴이)가 되길 바라며, 어떻게 새롭고 획기적인 방법으로 고객의 니즈를 만족시킬 수 있는지 보여주려고 한다.

파괴적 혁신은 고객에서부터 시작된다

CUSTOMER-DRIVEN
DISRUPTION

파괴적 혁신, 다시 말해 끊임없이 변화하는 고객의 니즈에 따라 발생하는 시장의 대격변은 사업의 성패를 결정한다. 사람들 대부분은 기술이 파괴적 혁신을 주도한다고 생각한다. 그러나 기술은 단지 파괴적 혁신을 돕는 역할일 뿐, 실제로 파괴적 혁신을 주도하는 것은 변화하는 고객의 니즈다. 어떤 기업은 더 많은 혁신과 광고, 리브랜딩, 인수 합병을 통해 재기를 시도하지만 그런 전략들이 효과가 없다는 사실을 깨닫는다. 또 어떤 기업은 파괴적 혁신에서 살아남고, 심지어 파괴적 혁신을 자신들에게 유리하게 이용한다. 무엇이 이런 차이를 낳는 것일까? 후자의 기업은 계속해서 고객에 집중한다. 그들은 고객의 니즈를 이해하고, 예측하고, 만족시킨다. 그 결과, 그들은 파괴적 혁신에서 살아남을 뿐 아니라 파괴적 혁신을 통해 눈부시게 성장한다.

인도의 기성 소비재 기업과 경쟁하는 신생 기업 파탄잘리Patanjali
의 사례를 소개한다. 수년간 인도 소비자들은 힌두스탄 유니레버
Hindustan Unilever, 프록터앤드갬블Procter & Gamble, 네슬레Neslé, 콜게이
트Colgate와 같은 다국적기업의 제품이 너무 강하고 몸에 잘 맞지 않
는다는 불만을 꾸준히 제기했다. 이에 다국적기업들은 보습제와 다
른 성분을 추가해 강한 성분이 일으키는 부작용을 덮으려고 했다.
인도 소비자들의 진정한 니즈에 귀를 기울이는 다국적기업은 없었
다. 그러나 인도 기업 파탄잘리는 소비자들의 목소리를 귀담아들었
다. 파탄잘리는 건강하고 친환경적인 허브와 식물의 화학물질로 제
품을 만들었다. 인도 전통 의학 아유르베다Ayurveda에 바탕을 둔 제

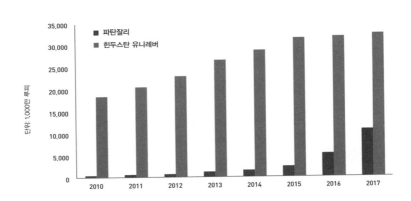

그림 1 | 파탄잘리와 힌두스탄 유니레버(유니레버의 인도 자회사) 매출 동향. 발표 당시 1,000만
루피의 가치는 15만 달러였다. 2017년 파탄잘리의 매출은 15억 달러로 추정되며, 힌두스탄 유
니레버의 매출은 50억 달러였다. 출처: '파탄잘리 아유르베다', 위키피디아, 2019년 2월 18일
접속. 힌두스탄 유니레버, 〈연례 보고서−기록 보관소〉 https://goo.gl/L3RXvF.

품들이었다. 대성공을 거둔 파탄잘리는 유니레버의 인도 지사인 힌두스탄 유니레버HUL의 성장을 저지하고 HUL의 시장을 장악했다(그림 1 참조). 파탄잘리는 창립 13주년인 2019년까지 자사 매출이 인도 소비재 시장을 80년 이상 점령했던 HUL의 매출을 앞설 것으로 예상했다.[1]

파탄잘리의 창업자들은 고객의 말을 경청했다. 그들은 천연 원료로 제품을 만들었을 뿐 아니라 유통업자가 아닌 농부와의 직접 거래를 통해 가격도 저렴하게 유지했다. 파탄잘리는 광고보다 입소문을 이용해 마케팅 비용도 낮게 유지했다. 파탄잘리 CEO는 2017년 한 연설에서 "고객과 공급업체에 이익을 주면 회사도 이익을 얻을 것이다. 단, 고객에서 시작해야 한다"고 회사의 전략을 간단하게 설명했다. 덧붙여 그는 회사가 "멋있는 남성과 여성이 등장하는 광고를 만드는 대신 효과적인 제품을 만드는 데 주력했다"고 말했다. HUL의 '클로즈업Close-up' 치약을 겨냥하며 그는 자사의 단트 칸티Dant Kanti 치약은 사람들을 사랑에 빠지게 만들지는 않는다고 말했다. "그것은 치약의 역할이 아닙니다. 우리는 여러분의 치아를 깨끗하게 닦아주는 치약을 만들 뿐입니다."[2] 파탄잘리는 인도 고객의 니즈에 부합했다.

한편 HUL은 실패하는 회사가 하는 일을 했다. 고객의 피드백을 창의적으로 생각하고 변화할 계기로 삼기보다는 기존 제품의 틀 안에서만 피드백을 해석했다. HUL 회장 겸 CEO 산지브 메타Sanjiv Mehta도 이를 인정했다. 그는 HUL이 자신들이 원하는 포트폴리오를 바탕으로 계획을 세웠으며, 그 뒤 "혁신과 향후 카테고리 구성에 막대한 돈을 투자했다"라고 했다. 그러나 기존 제품을 개선하고, 매년 가격을 인상하고, 광고에 더 많은 돈을 투자해 기존 전략을 강화하는 것은 효과가 없었다. 현재 HUL은 시장점유율을 회복하기 위해 파탄잘리를 모방해 허브와 식물의 화학물질을 사용하고 있다. 콜게이트 파몰리브Colgate-Palmolive 같은 다른 다국적기업도 천연 성분이 함유된 구강 관리 제품을 출시하고 있다. 그러나 여전히 파탄잘리 제품이 인도에서 가장 인기가 많다. 제품의 효능이 뛰어나고 저렴한 데다 인도 전통 의학을 이용하기 때문이다.[3]

파탄잘리와 비슷한 사례는 전 세계에서 일어나고 있다. 거대 기업들이 쓰러지고 있고, 이는 경제 불확실성과 고용 불안을 초래한다. 거대 기업들이 고객에 집중하지 않았기 때문이다. 기업 간 거래를 하는 회사들뿐만 아니라 고객과 거래하는 회사도 마찬가지다. 근본적인 변화의 물결이 모든 비즈니스를 추격하며 급격히 무너뜨리고 있다. 기업이 고객과 멀리 떨어져 있거나 공급망의 맨 끄트머리에 위치해 있다고 해도 말이다. 변화는 빠르게 일어난다. 당신의 회사 역시 무방비 상태로 변화를 맞이한다면 고통을 겪게 된다. 변화의 여파가 지연되거나 간과될수록 피해는 더 크다.

그러나 고객을 이해하고 끊임없이 변화하는 고객의 니즈에 부응한다면 파괴적 혁신에 대비 태세를 갖춰 성공할 수 있다. 파괴적 혁신에 대비하지 않은 경쟁자가 실패할 때 당신은 더 성장할 것이다. 이 책은 변화하는 고객과 변화하는 고객의 니즈를 만족시키기 위해 서비스, 개인화, 속도, 품질, 기업 쇄신의 전략을 개발하는 방법을 보여준다.

파괴적 혁신에 대처하는
고객 중심 전략

1955년 포춘 500대 기업에 속했던 기업 중 단 60개 기업만이 2017년 500대 기업 리스트에 남아 있다. 불과 12퍼센트다. 또 워싱턴대학교 연구에 따르면, 현재 포춘 500대 기업의 40퍼센트가 10년 뒤 리스트에 남아 있지 않을 것으로 예상된다.[4] 그들은 모든 것을 희생하는 대가로 단기 주주의 이익 달성에 집중한 결과, 실패할 것이다. 그뿐 아니라 그들이 투자자에 더 집중할수록 성장과 생존에 더 중요한 고객과 단절될 것이다.

파괴적 혁신에 타격을 입었을 때, 이런 기업들의 전형적인 반응은 고객과 더욱 멀어지는 것이다. 그들은 효과 없는 전략을 시도한다. 예를 들면 점증적 혁신, 인수 합병, 리브랜딩, 새로운 마케팅, 글로벌 사업 확장, 심지어 로비 같은 전략들이다. 정작 그들이 해야할 일은 다음에 이어질 전략들을 통해 고객과 더욱 긴밀히 연결되는 것이다.

고객 중심 전략 1:
기존 고객으로 승부하라

기존 고객은 신규 고객보다 더 안전한 수입원이다. 그러나 판매가 급감하면 기업 대부분이 신규 고객을 찾아 나선다. 2005년 아마존은 기존 고객을 대상으로 색다른 시도를 했다. 아마존은 자사 고객을 자주 구매하는 고객과 그렇지 않은 고객으로 구분했다. 그런 다음 대성공을 거두게 되는 '프라임 서비스'를 시작했다. 프라임 서비스는 대량 구매 고객이 더 많이 구매하도록 권장한다.

산업을 불문하고 모든 기업이 고객 세그먼트에 따른 맞춤형 서비스를 통해 매출과 이윤을 증대할 수 있다. 이 책은 당신에게 고객을 세그먼트에 따라 구별하는 방법, 각 세그먼트가 중시하는 서비스를 파악하는 방법, 고객의 니즈에 따라 다양한 서비스를 구축하는 방법, 고객이 향상된 서비스의 대가를 기꺼이 지불할 가격을 정하는 방법을 알려줄 것이다.

고객 중심 전략 2:
개인화는 사치품이 아니다

개인화가 소비주의를 대체하고 있다. 새로운 소비 세대인 밀레니얼 세대와 Z세대는 맞춤형 서비스를 좋아하고 낭비를 싫어한다. 개인화가 너무 비싸다고 생각할 수 있지만, 당신은 개인화를 저렴하게 만들 수 있다. 너무 많은 기업이 '특별' 상품에 과도하게 비싼 가격을 청구하거나, 더 나쁜 경우에는 프리미엄 서비스로 한몫 두둑이 챙기려고 한다. 그러나 다수를 위한 저렴한 개인화 옵션이 소수를 위한 비싼 선택적 서비스보다 기업에 훨씬 더 많은 매출을 안겨준다.

맞춤복으로 개인화를 실험 중인 제이힐번J. Hilburn과 엠테일러MTailor의 사례를 통해 이 책에서는 개인화라는 도전, 예를 들면 비용과 복잡성을 설명한 뒤, 비용 효과적으로 소량 생산이 가능한 운영 체계로 전환하는 방법을 설명한다.

개인화를 저렴하게 만들기 위해 기업은 운영 체계 전반의 유연함에 집중해야 한다. 이는 산업혁명 시대의 사고방식인 '클수록 좋다Bigger is better'와는 전혀 다른 개념이다. 이를 위해 기업은 제공물offerings을 새로운 관점에서 접근하고, 유연한 운영 체계를 구축하고, 낭비를 줄여야 한다. 어느 기업이든지 저렴하고 개인화된 제품을 생산하는 기술을 터득하면 미래에 큰 폭의 경쟁 우위에 서게 될 것이다.

고객 중심 전략 3:
고객은 기다리지 않는다

고객의 취향은 변하고 있다. 변화를 따라가지 못하면 당신의 기업은 사멸될 것이다. 일부 의류 소매 기업은 폐점하고 있는 반면, 다른 의류 소매 기업은 저렴한 가격의 새로운 패션 트렌드를 매장에 신속하게 배치하고 있다. 그들은 판촉 행사나 할인을 거의 하지 않는다. 패스트 패션은 빠르게 성장하고 있고, 소매업 중 가장 수익성이 큰 업종이다. 예를 들어, 1988년에 창립한 패션 기업 자라Zara는 현재 93개국에 2,200개 매장을 운영하고 있다. 자라는 2017년 연 매출 172억 달러를 달성했으며, 계속해서 시장을 확장하고 있다.

어느 산업에 속한 기업이든 더 신속하게 대응하는 방법을 배우고 똑같이 성공할 수 있다. 즉, 모든 기업은 변화하는 고객의 니즈를 해결하는 제품과 솔루션을 신속하게 개발하고, 공급망의 속도를 높이고, 판촉 행사를 줄이고, 고객이 정말 사고 싶은 제품을 만들 수 있다.

고객 중심 전략 4:
적당히 좋은 품질은 없다

　　　　　대중은 구매 후기와 구매자의 추천을 바탕으로 제품을 판단하기 때문에 기업은 기준을 더 높여야 한다. 알디Aldi와 리들Lidl 같은 소매업체는 품질에 집중함으로써 유럽 마트 시장을 장악했다. 알디와 리들 제품은 독일에서 일대일 테스트와 독자적인 품질 평가에서 브랜드 제품을 이겼고, 이후 유럽 전역에서도 브랜드 제품보다 더 좋은 평가를 받았다. 알디와 리들은 현지 취향에 맞춘 제품을 제공했다. 알디와 리들의 제품은 품질이 우수함에도 불구하고 경쟁사의 제품보다 저렴했다.

　품질로 성공하려면, 고객이 거부하기 힘들고 경쟁사가 모방하기 어려운 제품과 서비스를 제공해야 한다. 그런 뒤에는 계속해서 품질을 향상해나가야 한다. 그 정도 수준의 품질을 달성하지 못하도록 당신을 가로막는 것은 무엇인가? 당신을 가로막는 것이 무엇인지 알아내기 위해 내부적으로 또는 외부 업체를 통해 일련의 실험을 시도해보라. 그러고 나서 처리량(생산량)이 아닌 품질을 위해 운영을 최적화한다. 많은 경우에 이는 당신이 지금껏 회사 내에서 또는 업계 내에서 오랫동안 유지해온 잘못된 인식에 도전해야 한다는 것을 의미한다.

고객 중심 전략 5:
지금까지의 전략을 모두 버려라

경쟁력을 유지하려면 지금까지 언급한 모든 새로운 전략을 채택하는 것만으로는 부족하다. 당신에게 필요한 것은 계속 다시 연구하고, 수정하고, 시장이 요구할 때 완전히 처음부터 시작할 용기다.

중국 소비 가전 기업 하이얼Haier의 변화를 살펴보자. 하이얼은 중국과 글로벌 시장에서 고객의 요구가 바뀔 때마다 네 차례나 자체 개혁을 시행했다. 1980년대 하이얼은 글로벌 기업들과 파트너십을 체결해 제품 품질을 향상했다. 1990년대 하이얼은 고객 주도 혁신에 집중했다. 하이얼은 감자를 세척하는 채소·과일 세척기를 개발했던 것처럼 보유 기술을 참신하게 활용하는 방법을 모색했다. 중국 경쟁 기업들이 서비스 대응력을 갖추기 시작할 때, 하이얼은 증가하는 관료주의에 매몰되지 않고 변화하는 고객의 니즈에 대응하고자 조직을 개편했다. 하이얼은 고객 대응 팀을 도입했다. 각 팀은 특정 시장 세그먼트 또는 주요 고객에 집중하고, 세그먼트와 주요 고객을 중심으로 조직되며, 그들을 담당하는 일에 전문성을 기른다.

이제 하이얼은 고객뿐 아니라 경쟁 기업을 포함한 혁신 기업들과 협업하는 인터넷 기업으로 변모하고 있다. 하이얼은 중국 농촌 지역에서 소박하게 시작했지만 현재 주요 글로벌 가전 기업의 대열에 합류했다.

　당신이 고객을 계속 만족시키기 위해 끊임없이 변화한다면 당신은 성공할 것이다. 그러기 위해서는 변화하는 고객의 니즈를 예의 주시해 창의적으로 접근하고, 최종 사용자를 참여시키고, 전문가 및 공급업체와 협력함으로써 고객의 니즈를 만족시킬 방법을 찾아야 한다. 그런 다음, 아이디어를 실행하기 위해 당신의 팀에 자율권을 주고 디테일에 집중하도록 권장해야 한다.

고객 니즈에 집중하라

　　　　　　　새뮤얼 존슨Samuel Johnson(영국 시인, 평론가-옮긴이)은 "어떤 사람이 자신이 2주 안에 교수형을 당한다는 사실을 알게 되면 놀랍도록 집중력이 강해진다"고 말했다. 파괴적 혁신은 기업에 사형선고나 다름없지만, 꼭 그래야 한다는 법은 없다. 당신은 위협을 기회로 삼아 중요한 것, 즉 고객에 집중할 수 있다. 고객의 니즈를 효과적으로 충족하기 위해 파괴적 혁신을 활용한다면 당신의 사업은 거의 기적에 가깝게 회복될 수 있다.

　파괴적 혁신을 딛고 일어서려면 낡은 전략을 버리고 새로운 전략을 수용해야 한다. 이는 제품, 서비스, 운영뿐 아니라 조직의 전반적인 접근 방식을 재조정하는 것을 뜻한다. 당신은 또한 보상, 조직 구성, 문화를 비롯해 직원 채용, 교육, 관리 방식도 바꿔야 한다. 무엇을 바꿔야 하는지 아는 이들도 어떻게 바꿀지 또는 어디에서 시작해야 할지 아는 경우가 드물다. 이 책이 그에 대한 청사진을 제공할 것이다.

1장

고객의 니즈가
파괴적 혁신을
주도한다

CUSTOMER-DRIVEN
DISRUPTION

필른스 베이스먼트Filene's Basement는 보스턴의 명소였다. 사람들이 디자이너 브랜드 옷들이 어지럽게 뒤섞인 상자를 헤집는 광경을 보러 오는 관광객도 있었다. 매주 25퍼센트씩 가격을 추가 인하하는 것으로 유명한 필른스 베이스먼트는 미국 내 의류 소매 할인점으로는 최초로 고급 브랜드에 주력했다. 결혼 예복을 파격적으로 할인하는 '러닝 오브 브라이드Running of the Brides' 행사장에서는 기대에 부푼 여성들이 할인 웨딩드레스를 고르느라 바빴다. 하지만 필른스 베이스먼트의 고객 대부분이 베이비 붐 세대와 X세대였고, 2011년을 끝으로 이 유명 할인점은 미국 전역의 다른 백화점처럼 영원히 문을 닫았다. 사람들은 한때 인기 있던 할인점의 몰락을 아마존과 온라인 소매업 탓으로 돌린다. 그러나 진짜 원인은 고객의 니즈가 바뀌는 중이며, 백화점이 더 이상 그에 부응하지 못한다는 데 있다.

다른 원인은 베이비 붐 세대 인구가 감소하고 씀씀이 또한 줄어들면서 소비가 감소했기 때문이다. 그 결과, 소비 총합에서 밀레니얼 세대가 베이비 붐 세대를 훨씬 앞선다. 베이비 붐 세대와 밀레니얼 세대의 니즈는 매우 다르다. 소비 지상주의와 세일 쇼핑 대란은 밀레니얼 세대에게 낯선 이야기다. 유명 브랜드는 베이비 붐 세대나 X세대에게 그랬던 것처럼 밀레니얼 세대에게 깊은 인상을 주지 못한다. 밀레니얼 세대에게 중요한 것은 서비스, 개인화, 속도다.

밀레니얼 세대는 다음과 같은 회사를 결코 좋아하지 않는다. 이를테면 새로운 디자인을 시장에 빠르게 선보이지 못하는 회사, 스타일에 관한 질문에 응대하지 않는 회사, 재단사가 없고 스타일링과 맞춤형 재단에 대해 추가 비용을 청구하는 의류 회사다. 밀레니얼 세대의 인구층은 두꺼운 반면, 지갑은 가볍다. 밀레니얼 세대는 백화점보다 가격이 저렴하고 자신들의 니즈를 더 잘 충족해주는 곳에서 쇼핑하기를 선호한다. 비슷한 이유로 밀레니얼 세대는 업스타트 기업(대규모 외부 자본 유입 없이 혁신적인 아이디어와 접근법을 통해 사회와 경제에 기여하는 기업-옮긴이)을 선호한다. 모든 산업이 고객의 니즈 변화를 경험하고 있다. 승차 공유 서비스 기업 우버Uber와 리프트Lyft가 전 세계 택시·리무진 업계를 어떻게 뒤흔들어놓았는지 생각해보라.

변화하는 고객의 니즈로 모든 산업은 와해 위기에 처해 있다. 그러나 기업 리더 대부분이 이러한 위기에 제대로 대비하지 못하고 있다. 기업 리더는 고객의 니즈에 집중하기보다는 기술, 규제, 투자자에 집중한다. 그러나 고객에 집중하는 기업조차 밀레니얼 세대와 Z세대를 파악하는 일을 어렵다고 느낀다. 기업은 여전히 베이비 붐 세대와 X세대에게 판매하는 구조에 머물러 있다. 두 세대는 상품과 부가 기능을 구매하는 데 기꺼이 돈을 지불하고, 광고에 자주 마음이 동요한다. 반면 밀레니얼 세대는 상품과 기능보다는 경험을 소비하기 위해 기꺼이 지갑을 연다.

이처럼 고객의 니즈가 180도로 달라졌기에 기업은 전혀 다른 접근법을 추구해야 한다. 예를 들어, 자동차 회사는 아직도 해마다 고객에게 새로운 기능을 추가한 자동차를 팔려고 노력한다. 그러나 승차 공유의 등장으로 자동차를 구매할 필요를 못 느끼는 소비자들은 새로운 모델이 아무리 많이 업그레이드됐다 한들 자동차를 사지 않는다. 과연 우버를 이용하는 고객이 우버 차량의 자율 주행 여부에 관심이 있을까? 승객이 원하는 것이라곤 오로지 친절한 기사가 운전하는 쾌적한 차로 편안하고 안전하게 목적지까지 가는 것이다. 자동차 산업뿐 아니라 모든 산업에서 비슷한 예를 찾아볼 수 있다. 대다수 기업이 고객의 니즈에 부합하지 않는 제품과 서비스에 주력한다.

그러나 예외는 있다. 일부 기업은 세대별 니즈를 성공적으로 구별하고 개인화라는 밀레니얼 세대의 니즈를 만족시키고 있다. 일본 온라인 패션업계 부동의 선두주자인 조조타운Zozotown은 고객 신체를 3D로 스캔하는 조조수트Zozosuit를 도입했다. 조조타운은 측정된 치수들을 활용해 사이즈를 추천하고 미리 재단한 옷본으로 수트, 청바지, 티셔츠를 제작해 판매했다. 접수된 주문은 2주 안에 고객에게 전달된다. 조조타운의 이사회 구성원이자 시스템 설계를 총괄하는 이토 마사히로Ito Masahiro는 패션업계가 모든 것을 온라인에서 구매하는 세대의 니즈를 아직 만족시키지 못하고 있다고 말한다. 그는 "우리 회사는 정확히 그것을 제공합니다"라고 한다.[1] 조조타운의 지속적인 성공 여부는 밀레니얼 세대의 주된 관심사인 저렴한 가격을 유지할 수 있느냐에 달렸다. 비용과 개인화에 대한 주제는 4장에서 자세히 다룰 예정이다. 조조타운은 또한 미국과 일본의 대다수 소매 기업과는 다르게 밀레니얼 세대의 니즈인 개인화에 부합하기 위한 조치를 취했다.

다음 질문에 답을 생각해본다면(또는 찾을 수 있다면) 당신의 회사가 파괴적 혁신에 얼마나 취약한지 알 수 있을 것이다.

- 회사의 제품과 서비스가 고객의 니즈에 얼마나 잘 부합하는가?
- 회사는 베이비 붐 세대와 밀레니얼 세대에게 얼마나 효과적으로 판매하고 있는가?

두 질문에 대한 답이 당신의 회사가 실제로 고객에게 얼마나 집중하고 있는지를 보여줄 것이다. 당신의 사업을 뒤흔드는 것은 경쟁 기업의 기술이나 혁신이 아니다. 파괴적 혁신을 주도하는 힘은 고객이다. 당신이 고객에게 집중하지 않으면 고객은 적절한 대안을 발견하는 즉시 떠날 것이다. 이제 고객 이탈은 시간문제다.

표현되지 않은 니즈에 집중하라

고객 니즈에 대한 이해는 파괴적 혁신을 이해하는 데 있어 가장 중요한 첫 단계다. 그런데도 많은 기업이 고객의 니즈를 파악하기 위해 충분히 노력하지 않는다. 대다수 기업이 고객이 표현한 니즈에만 집중한다. 스티브 잡스는 다음과 같이 말했다. "어떤 사람들은 '고객이 원하는 것을 제공하라'고 합니다. 그러나 제 방식은 다릅니다. 우리가 할 일은 고객이 원하기 전에 고객이 원하게 될 것을 알아내는 것입니다. 헨리 포드는 이렇게 말했습니다. '만일 내가 고객에게 무엇을 원하는지 물어봤다면 그들은 '더 빨리 달리는 말!'이라고 했을 것이다.' 고객은 여러분이 보여줄 때까지 자신이 무엇을 원하는지 모릅니다. 이런 이유로 저는 절대 시장조사에 의존하지 않습니다. 우리의 임무는 아직 지면에 나타나지 않은 것을 읽어내는 것입니다."[2]

모든 사람이 스티브 잡스만큼 천재적이거나 운이 좋을 수는 없다. 그러나 노력하는 기업이라면 고객이 표현한 니즈 뒤에 숨어 있는 니즈를 이해할 것이다. 표현되지 않는 니즈를 파악하지 못하는 기업은 실패할 수밖에 없다. 기업은 고객의 니즈를 이끄는 것이 무엇인지 파악해야 하고, 숨은 니즈를 만족시키려면 정해진 사고의 틀에서 벗어나야 한다.

아이폰에 대한 스티브 잡스의 접근법이 좋은 예다. 다른 휴대전화 제조사는 인터넷 연결에 대한 고객의 니즈를 만족시키기 위해 데스크톱 컴퓨터 경험을 모방했다. 반면 데스크톱 컴퓨터의 인터넷 설정은 휴대전화의 작은 화면에 적합하지 않았다. 스티브 잡스는 고객이 원하는 것(인터넷 연결)을 제공하기 위해 휴대전화 화면을 더 크게 만들고 애플리케이션을 고안했다. 아이폰이 너무 파격적이었기 때문에 마이크로소프트 CEO 스티브 발머는 아이폰의 잠재적 위협을 일축하며 이렇게 말했다. "아이폰이 눈에 띄는 시장점유율을 달성할 가능성은 희박합니다. 그럴 기회는 없습니다. 아이폰은 보조금 500달러를 받는 제품입니다. 아이폰으로 돈을 많이 벌 수 있을지는 모릅니다. 하지만 시장에서 팔리는 13억 대의 휴대전화를 관찰해보면, 판매량의 2, 3퍼센트를 차지할 애플보다는 60퍼센트에서 70, 80퍼센트를 차지할 제품에 우리 회사의 소프트웨어를 설치하고 싶습니다."[3] 다른 경쟁사들도 아이폰의 가치를 인정하지 않았다.

그러나 고객은 아이폰에 열광했다. 애플의 매출은 2008년 380억 달러에서 2017년 2,290억 달러로 증가했다. 아이폰의 매출이 매출 증가분의 대부분을 차지했다. 그림 2에서 보듯이 아이폰의 애플 매출 비중이 5퍼센트에서 62퍼센트로 증가했다. 삼성을 제외하곤 다

그림 2 | 애플 매출 동향과 아이폰의 비중. 출처: 〈재무 보고서: 실적 발표 및 연간 사업보고서 (10K)〉, 애플 기업 설명회(IR), http://goo.gl/1tqAi6.

른 휴대전화 단말기 제조사 대부분은 4년에서 7년 안에 파산했다. 스티브 발머는 나중에 자신의 발언을 후회했지만 마이크로소프트는 결국 스마트폰 윈도 폰의 발매를 중단했다. 2018년 윈도 폰은 스마트폰 시장에서 자취를 감췄다.

고객 니즈는
국가와 지역에 따라 다르다

과거에 미국 기업은 전 세계 소비자가 미국 소비자와 똑같은 상품을 원한다고 생각해도 문제없었다. 미국 기업의 전형적인 해외 수출 전략은 미국에서 파는 상품의 포장을 조금 바꿔 전 세계에 판매하는 것이었다. 과거에는 신흥 시장 고객에게 이 점이 문제가 되지 않았다. 미국 브랜드가 현지 브랜드보다 더 우수했기 때문이다. 그러나 신흥 시장에 미국 상품을 파는 구식 전략은 더 이상 통하지 않는다. 신흥 시장 고객은 자신의 문화와 취향에 더 잘 맞는 제품을 원한다. 다국적기업이 새로운 니즈를 만족시키지 못하는 가운데 현지 브랜드에 시장을 빼앗기고 있다.

파괴적 혁신에 대처하려면 자국의 고객을 먼저 이해한 뒤 나라마다 고객의 니즈가 다르다는 사실을 인지하고 어떻게 서로 다른 니즈를 만족시킬 수 있는지 알아야 한다. 예를 들어, 몇 년 전 신흥 시장 고객은 이동 시 인터넷에 연결되는 장비를 찾고 있었지만 애플이나 삼성 휴대전화를 살 여유가 없었다. 게다가 그들은 화려한 기능을 원하지 않았다. 200달러 이하 스마트폰의 글로벌 판매는 2013년 35퍼센트에서 2017년 47퍼센트로 증가했다. 애플과 삼성은 이 트렌드를 제대로 이해하지 못했고, 미국 소비자가 좋아하는 휴대전화를 팔기 위한 노력을 계속했다. 그 전략은 실패했다. 2015년을 시작으로 새롭게 출시되는 아이폰은 대부분 가격이 500달러 이상으로 책정됐다(그림 3 참조).

이것이 중국 휴대전화 제조사에 기회가 됐다. 화웨이Huawei로 대표되는 중국 휴대전화 단말기 제조사는 신흥 시장 고객이 원하는 스마트폰을 만들기 시작했다. 중국제 단말기는 수신이 매우 안정적이어서 지하나 차고에서도 통화가 가능했다. 오포OPPO는 중국의 농촌 지역에서 저가 휴대전화 판매에 집중했다. 중국의 2대 휴대전화

아이폰 출시 가격
(메모리 용량에 따른 가격대)

아이폰X(2017)	999달러 ━ 1,149달러
아이폰8 플러스(2017)	799달러 ━ 949달러
아이폰8(2017)	699달러 ━ 849달러
아이폰7 플러스(2016)	769달러 ━ 969달러
아이폰7(2016)	649달러 ━ 849달러
아이폰SE(2016)	399달러 ━ 499달러
아이폰6s 플러스(2015)	749달러 ━ 949달러
아이폰6s(2015)	649달러 ━ 849달러
아이폰6 플러스(2014)	299달러 ━ 499달러
아이폰6(2014)	199달러 399달러
아이폰5S(2013)	199달러 399달러
아이폰5c(2013)	99달러 199달러
아이폰5(2012)	199달러 399달러
아이폰4s(2011)	199달러 399달러
아이폰4(2010)	199달러 299달러
아이폰3GS(2009)	199달러 299달러
아이폰3G(2008)	199달러 299달러
아이폰(2007)	499달러 ━ 599달러

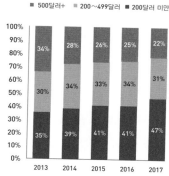

가격대별 전 세계 스마트폰 판매 현황

■ 500달러+ ■ 200~499달러 ■ 200달러 미만

그림 3 | 아이폰 가격대와 가격대별 전 세계 스마트폰 판매 현황. 출처: 제이미 매케인, 〈10년 간 아이폰 가격 변동 추이〉, 마이브로드밴드, 2017년 9월 15일, https://goo.gl/HsCLtM; 티모시 W. 마틴, 에릭 벨만, '삼성, 글로벌 스마트폰 가격 하향 출혈 경쟁에 뛰어들다', 〈월스트리트 저널〉, 2018년 9월 4일, https://goo.gl/Do3yRU.

제조사인 비보Vivo는 셀카를 좋아하는 시장에서 카메라에 주력했다. 샤오미Xiaomi 휴대전화의 시장점유율은 낮았지만 고급 휴대전화를 저렴한 가격에 파는 데 집중했다. 중국 제조사들은 자사 휴대전화가 중국에서 완성 단계에 이르면 신흥 시장과 유럽으로 진출했다. 2018년이 되자 화웨이의 매출은 애플을 넘어섰다.

중국 휴대전화 제조사가 중국은 물론 신흥 시장에서 성공할 수 있었던 비결은 가격 경쟁력과 현지 니즈에 대한 집중이었다. 인지도가 낮은 중국 휴대전화 제조사 트랜션 홀딩스Transsion Holdings는 현지화 전략으로 아프리카 시장의 40퍼센트를 점유했다. 비결은 다른 이동통신사와 통화할 때 필요한 심 카드 슬롯 4개, 15일간 지속되는 배터리, 어두운 피부색에 최적화된 카메라였다.[4] 애플과 삼성의 세계 시장점유율 합계는 2013년 1분기 49퍼센트에서 2018년 2분기 33퍼센트로 감소했다. 반면 중국 휴대전화 제조사의 시장점유율은 같은 기간 4퍼센트에서 34퍼센트로 증가했다(그림 4 참조).

글로벌 시장조사 기업인 카운터포인트 테크놀로지Counterpoint Technology에 따르면, 2017년 1분기 글로벌 스마트폰 판매 증가분의 대부분은 인도, 중동, 아프리카 지역이 주도했다. 2017년에는 중국 스마트폰이 인도 스마트폰 판매량의 절반을 차지했다. 전년도 판매량 15퍼센트와 대비된다. 샤오미는 업계 선두 삼성과 동일한 시장점유율을 기록했다. 이에 애플은 어떻게 대응했을까? 애플은 과거

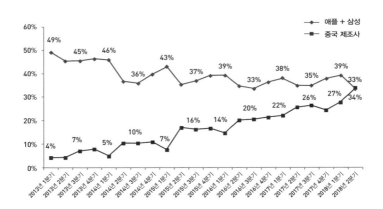

그림 4 | 애플과 삼성의 글로벌 스마트폰 시장점유율 합계와 화웨이, 샤오미, 오포 등의 중국 제조사 시장점유율 비교. 출처: 〈2009년 4분기∼2018년 4분기 주요 스마트폰 제조사 시장점유율〉, 스테티스티카, 2019년 1월, https://goo.gl/2DxEzK.

기종인 아이폰SE에 인도 시장의 니즈를 반영하지 않고 현지 생산을 시작했다. 당연히 판매는 부진했다. 게다가 중국 휴대전화 제조사는 유럽 시장도 잠식하고 있다. 2018년 1분기 중국 제조사는 유럽 시장의 25퍼센트를 점유했다. 시장조사 기업 캐널리스Canalys에 따르면, 삼성과 애플의 판매량은 감소한 반면 화웨이와 샤오미의 판매량은 급증하는 추세다.[5]

　전 세계 소비재, 패스트푸드, 정보 통신, 금융 산업에서 비슷한 현상이 일어나고 있다. 현지 기업의 시장점유율은 증가하고 다국적기업의 시장점유율은 감소하고 있다. 해외 판매의 경우, 국내 전략을 답습하는 다국적기업의 낡은 전략은 이제 통하지 않는다. 다국적기업이 현지 소비자의 니즈를 만족시키지 못하면 해외시장을 빼앗길 뿐 아니라 경쟁사들이 상품을 개발해 서구 시장과 신흥 시장에 진출할 것이다. 샤오미와 원플러스OnePlus 같은 중국 스마트폰 제조사는 화웨이에 적대적인 미국 분위기에도 불구하고 미국 시장 진출을 노리고 있다.[6]

세대 변화가
미래의 파괴적 혁신을 주도한다

　　　　　현지 기업이 다국적기업의 시장점유율을 차지하는 한편, 신흥 시장은 물론 서구에서 일어나고 있는 세대 변화가 이를 가속하고 있다. 그 이유는 전 세계 젊은이들이 신흥 시장 제품에 매력을 느끼기 때문이다. 게다가 전 세계 베이비 붐 세대가 소비를 줄이고 있다. 이는 모든 기업에 중대한 변화다. 지금까지 베이비 붐 세대에게 판매하는 구조였기 때문에 기업은 이제 더 젊은 세대에게 파는 방법을 배워야 한다.

애플도 아이폰 판매를 위해 더 큰 화면, OLED 액정, 얼굴 인식, 더 빠른 프로세서 등의 기능에 주력한다. 이런 기능들은 베이비 붐 세대에게는 주목을 받을지 모르지만 밀레니얼 세대와 Z세대에게는 의미가 없다. 시장에서 살아남고자 하는 기업이라면 밀레니얼 세대와 Z세대에게 무엇이 의미 있는지 알아야 한다. 나는 현재 사용 중인 아이폰을 좋아한다. 그러나 Z세대인 딸은 설정을 마음껏 개인화할 수 있는 안드로이드폰을 좋아한다. 딸은 다른 Z세대 아이들처럼 사진을 좋아하고 아이폰보다 안드로이드폰으로 더 많은 세부 설정을 조정한다. 세대마다 끌리는 것은 다 다르다. 그러나 기업이 이 사실을 깨닫고 그것을 반영한 상품과 서비스를 개발하기까지 너무 오래 걸렸다.

이제 일반적인 세대별 구매 습관을 간략히 소개하고 기업이 고객을 보유하고 유치하기 위해 할 일이 무엇인지 (대략적인 차원에서) 살펴보겠다.

베이비 붐 세대

    1945년부터 1963년 사이에 태어난 베이비 붐 세대는 오랫동안 미국 경제를 지탱해왔으며, 미국 소비의 절반을 차지했다.[7] 베이비 붐 세대는 미국에서 판매된 컴퓨터의 50퍼센트, 자동차의 66퍼센트가량을 구매한다. 그들은 경제 호황기에 성장했고 글로벌 금융 위기에 따른 대침체Great Recession에도 불구하고 일부는 여전히 수십 년간 지속된 주식시장 호황에 따른 혜택을 누리고 있다. 베이비 붐 세대는 유명 브랜드와 증명된 것을 신뢰하고 상품과 서비스, 그리고 상품과 서비스를 제공하는 직원에게 더 많은 돈을 쓴다. 예를 들어, R&D 분야에 식스시그마 이론을 맹목적으로 적용한 결과는 참담했다.[8] 베이비 붐 세대 임원들이 새로운 비즈니스 모델과 아이디어, 다양성을 마주할 때 고전을 면치 못하는 이유 중 하나가 유명하고 증명된 것에 의존하는 경향이다.

여러 면에서 베이비 붐 세대는 이전 세대와 다르다. 그들은 더 오래 살고, 더 늦게 은퇴하고, 더 많은 대출(자녀, 심지어 손자의 학자금 대출)을 부담하며, 가처분소득을 유지한다. 베이비 붐 세대는 여행, 친척 방문, 크루즈 여행, 해외여행을 즐긴다. 또 베이비 붐 세대는 나이가 들면서 의료비, 반려동물, 주택에 지출이 더 많아진다. 베이비 붐 세대는 매장에서 하는 쇼핑도 좋아하지만 온라인 쇼핑에도 익숙하다. 베이비 붐 세대는 나이 들수록 TV 시청 시간이 길어진다. 베이비 붐 세대는 전통적인 TV 매체, 신문광고, 유명인의 말을 더 신뢰한다.

기업은 대체로 베이비 붐 세대에게 판매하는 데 특화됐다. 과거에 통했던 방식에 의존하기보다는 새로운 아이디어에 마음을 더 여는 편이 베이비 붐 세대 임원에게 더 이로울 텐데도 그렇다. 예를 들어, 베이비 붐 세대 임원이 규모 확장과 단위 비용 절감보다 개인화와 유연성에 더 집중한다면, 회사와 고객에게 더 좋은 일을 하는 것이다. 과거의 방식에 의존하면서 다른 결과를 기대할 수는 없다.

X세대

1960년대 중반부터 1980년대 초반에 태어난 X세대는 베이비 붐 세대나 밀레니얼 세대보다 인구가 적다. 마케팅 관점에서 보면 X세대는 많은 면에서 충분한 관심을 받지 못하는 중간에 낀 아이와 비슷하다. X세대에게만 마케팅을 집중하는 기업은 없다. X세대는 베이비 붐 세대와 밀레니얼 세대의 특징을 모두 가지고 있다. X세대는 기술을 익숙하게 다루고 자신의 취향에 맞는 개인화된 서비스를 잘 이용한다. 다른 한편으로, X세대는 충성 고객을 위한 프로그램을 좋아하고 특별 고객 카드를 발급받은 매장에서 주로 물건을 구매한다. X세대는 또한 좋아하는 브랜드에 대한 충성도가 높다. 그들은 여행과 명품에 돈을 아끼지 않는다.

X세대 고객은 베이비 붐 세대보다 더 실용적이고 패션 트렌드의

영향을 덜 받는다. 이혼 가정에서 자랐거나 경기 불황 시기에 성인이 됐을 확률이 높은 X세대는 베이비 붐 세대보다 더 까다롭고 세상 물정에 밝은 경향이 있다. X세대는 베이비 붐 세대만큼이나 브랜드 충성도가 높지만, 물건을 사기 전에 인터넷에서 열심히 조사한 뒤 선택한 제품을 계속 구매한다. X세대는 밀레니얼 세대처럼 외식도 좋아하지만 베이비 붐 세대처럼 할인 쿠폰을 활용하고 집에서 직접 요리해 먹기도 한다.[9]

밀레니얼 세대

밀레니얼 세대는 1980년대 초반부터 1990년대 중반에 태어났으며, 현재 베이비 붐 세대보다 인구가 많다. 밀레니얼 세대는 기술을 가지고 놀며 자라서 이를 편하게 다룬다. 밀레니얼 세대는 많은 학자금 대출을 안고 있고, 대침체로 인해 재정에 큰 타격을 입었다. 재정적 여유가 없는 밀레니얼 세대는 결혼과 주택 구매처럼 인생의 중요한 계획을 미루고 있다. 많은 밀레니얼 세대가 아파트를 구매할 여력이 없으며, 아직도 부모님 집에서 산다.[10]

밀레니얼 세대는 다른 세대에 비해 가처분소득이 적고 개성을 표현하기 좋아한다는 사실을 알면 그들의 가장 중요한 니즈와 기본적인 구매 습관을 이해할 수 있다. 밀레니얼 세대는 자동차, 명품, 음악을 구매하는 것을 망설인다. 대신에 밀레니얼 세대는 소유하는 부담 없이 상품을 이용할 수 있는 서비스를 선호한다. 세계 최대 음악 스트리밍 서비스인 스포티파이Spotify가 좋은 예다. 밀레니얼 세대의 선호도가 이른바 공유 경제를 탄생시켰다. 소매업의 경우, 밀레니얼 세대는 특정 브랜드와 제품보다는 쇼핑에서 얻는 경험의 질을 더 중요하게 생각한다. 밀레니얼 세대는 베이비 붐 세대만큼 커피에 대한 애착이 강하지는 않지만, 높은 가격대에도 불구하고 스타벅스를 좋아한다. 그 이유는 스타벅스 매장에서 커피를 마시는 경험 전체를 즐기기 때문이다.[11]

밀레니얼 세대는 쇼핑할 때 브랜드를 보고 구매하기보다는 스마트폰으로 구매 후기를 확인하고 가격을 비교한다. 밀레니얼 세대는 유명인의 후기보다 친구의 후기를 더 신뢰한다. 밀레니얼 세대는 베이비 붐 세대보다 온라인 쇼핑에 더 익숙하다. 밀레니얼 세대는 가격에 민감하지만 품질도 중시한다. 합리적인 가격에 질 좋은 제품을 구할 때까지 서두르지 않는다. 나이대가 낮은 밀레니얼 세대는 매장에서 직접 쇼핑하기도 하는데, 맞춤형 서비스를 좋아하고 그에 대해 돈을 지불할 의향이 있기 때문이다.

모든 나이의 밀레니얼 세대는 건강에 매우 관심이 많다. 그들은 이전 세대보다 운동을 더 하고, 집에서 요리할 건강한 식재료를 사고, 외식할 때는 건강식을 고르며, 담배를 덜 피운다. 식품 코너보다는 농산물 시장에서 쇼핑하는 밀레니얼 세대를 보기 쉽다.[12] 밀레니얼 세대는 또한 사회문제에 관심이 많고, 이윤보다 목적의식을 중시하는 기업을 가치 있게 생각한다.

전 세계 밀레니얼 세대는 비슷한 가치를 공유한다. 일본의 밀레니얼 세대는 술을 안 마시고, 차를 몰지 않고, 직장에서 터무니없이 많은 시간을 보내지도 않는다.13 그들은 손목시계도 사지 않는다. 대신 스마트폰으로 시간을 확인한다. 밀레니얼 세대는 부모 세대가 신성시하던 것에 흥미를 느끼지 않는다. 그들은 단순한 삶을 선호하고 화장품을 구매하건 호텔을 예약하건 검소하게 소비한다. 다시 말해 일본의 밀레니얼 세대는 미국의 밀레니얼 세대와 전 세계 밀레니얼 세대와 비슷하다. 그들은 전 세계의 또래처럼 가성비를 중요시한다.

Z세대

　　　　　Z세대는 현재 미국에서 가장 인구가 많고 다양성이 두드러지는 세대다. 1995년부터 2000년대 중반 사이에 태어난 Z세대는 어릴 때부터 기술과 함께 자랐다. Z세대는 대기업과 브랜드를 신뢰하지 않는다. 그들은 대침체의 직접적인 영향을 받지 않았기 때문에 밀레니얼 세대보다 가격에 덜 민감하다.14 그러나 많은 면에서 Z세대는 밀레니얼 세대의 특징이 더 강화됐다.

Z세대는 X세대나 밀레니얼 세대보다 대학에 진학할 확률이 낮다. Z세대는 학업 때문에 대출을 받길 원하지 않는다. 따라서 Z세

대는 창업을 더 많이 하고 대기업에서 근무할 가능성이 낮다.[15] Z세대는 다른 세대보다 사회의식이 강하고 미디어를 활용하는 데 있어 베이비 붐 세대보다 능숙하다. 많은 Z세대가 대의를 위해 싸우며, 사회성과 미디어 기술 덕분에 베이비 붐 세대보다 대의를 위한 투쟁에 더 효과적으로 대응한다. 또 Z세대는 밀레니얼 세대보다 더 확실하게 대학 교육과 대기업이라는 틀을 뒤흔들 수 있을 것이다.

변화하는 고객이 기업에 미치는 영향

모든 인구통계 변화에 따라 자연히 고객의 니즈도 변했다. 이는 대다수 기업에 거대한 도전이다. Z세대에게 어떤 광고를 해야 하는지는커녕 Z세대를 어떻게 연구할지도 모르는 기업이 대부분이다. 기업이 예상하지 못한 취향 변화가 산업 전반을 뒤흔들고 있다.

예를 들어, 건강한 음식에 대한 밀레니얼 세대의 선호도가 식음료 산업을 완전히 뒤흔들었다. 밀레니얼 세대는 유기농, 천연, 친환경, 지역 재배 식재료를 가치 있게 여기고 소비한다. 신선·건강식품 판매가 증가하고 있는 반면 간편 포장식 판매는 감소하고 있다. 주요 식품 대기업 크래프트Kraft, 켈로그Kellogg's, 몬델레즈Mondelez, 캠벨 수프 컴퍼니Campbell's Soup Company 등은 고전을 면치 못하고 있다.[16] 이들은 고객의 니즈 변화에 대응하지 못한 결과, 매출이 크게 감소했다. 설탕과 비만의 상관관계와 기업의 은폐 공작이 드러난 이후 밀레니얼 세대는 설탕 음료를 꺼린다. 업계 강자인 펩시Pepsi 와 코카콜라Coca-Cola의 매출도 감소했다.

식음료 기업은 인수 합병을 통해 비용 절감을 시도한다. 이들 기업은 고위 임원을 교체하고 있다. 제너럴밀스General Mills, 허쉬스 Hershey's, 몬델레즈 모두 신임 최고 경영자를 임명했다. 현재 소매업체와 식품업체 간 갈등이 커지고 있다. 소매업체는 간편 포장식을 위한 공간을 줄이고 신선 식품 진열대를 늘리고 있다. 위기의 소용돌이에 놓인 식품업계는 탈출구를 찾으려 애쓰고 있다.

파괴의 소용돌이를 피하고 싶다면 새로운 세대와 새로운 니즈에 집중해야 한다. 지체할수록 더 따라잡기 어렵다. 모든 시장에서 일어나는 세대 변화에 발맞춰야 한다. 여기에 실패하면 뒤처지게 될 것이다.

시장을 뒤흔드는 것은 기술과 혁신이 아니다

사람들은 대부분 기술이 파괴를 주도한다고 생각하며 아이폰, 3D 프린팅, 로봇공학, 인공지능을 떠올린다. 그러나 기술 자체만으로는 파괴적 혁신이 일어나지 않는다. 아이폰은 기술력으로 성공하지 않았다. 아이폰 기술은 노키아Nokia 것이었고, 노키아는 애플을 특허 침해로 고소했다. (애플은 합의금을 지불했다.) 아이폰이 성공할 수 있었던 이유는 아이폰이 당시 다른 어떤 제품보다 고객의 니즈에 잘 부합했기 때문이다. 5년 이내에 전기 차가 상용화된다면 모두가 테슬라Tesla의 기술이 파괴적 혁신을 가져왔다고 생각하겠지만 위키피디아에 따르면, 전기 차는 1834년에 발명됐다. 때로는 잠재의식에 존재하는 고객의 니즈와 수요가 파괴적 혁신의 원천이 된다. 1834년 당시의 전기 차 기술은 시장을 뒤흔들 정도의 파괴력은 없었다. 심지어 1934년에도 마찬가지였다. 그 이유는 고객이 전기 차를 원하지 않았기 때문이다.

파괴적 혁신에 대응하기 위한 첫 단계는 기술과 혁신이 시장을 파괴하는 것이 아니라 솔루션일 뿐이라는 사실을 이해하는 것이다. 기술은 목적을 위한 수단에 불과하다. 과거 모든 파괴적 혁신은 고객의 니즈가 주도했고, 미래의 파괴적 혁신도 그럴 것이다. 고객의 니즈에 부합하는 기술과 혁신만이 채택되고, 고객의 니즈에 부합하지 못하는 기술은 아무리 혁신적이라 할지라도 버려지게 된다. 그러나 너무 많은 기업 리더가 기술이 자신과 조직을 구원해줄 것이라고 믿고 기술에 맹목적으로 투자하는 실수를 저지른다.

리더가 몰락을 피하는 유일한 방법은 고객에게 집중하고, 고객에게 필요한 것을 알아내고, 오직 고객의 니즈에 부합하는 기술과 혁신에 투자하는 것이다. 이러한 현실을 깨닫는 리더만이 몰락을 피하고 기업의 생명을 유지할 수 있다.

고객 니즈를 외면한
기술 개발은 실패한다

시장을 뒤흔드는 변화에 직면한 일부 기업 리더는 물에 빠진 사람이 지푸라기를 잡듯 새로운 기술에 매달린다. 그들은 새로운 제품을 개발하면 하락하는 매출이 회복될 것이라고 믿는다. 이런 이유로 기업 리더는 고객의 니즈를 외면한 채 기술 투자에만 집중한다.

많은 경우 스탠퍼드대학교 경영대학원의 〈2017 기술혁신과 총자산에 관한 보고서〉 같은 기업 분석 보고서를 믿고 기술과 혁신에 지나치게 의존한다.[17] 스탠퍼드 보고서는 기업이 85년 동안 보유한 특허의 가치를 분석하고 특허를 가장 많이 보유한 기업이 가장 크게 성장했다는 결론을 내렸다. 보고서의 결론이 사실이라면 세계에서 특허를 가장 많이 보유한 IBM의 시장점유율이 하락하고 매출이 크게 감소한 이유는 무엇일까? 2016년 IBM은 전년 대비 7.8퍼센트 증가한 8,023건의 특허를 출원했다. 그러나 2016년과 2017년 두 해 모두 매출이 감소했다. 캐논Canon이나 제너럴일렉트릭General Electric, GE과 마찬가지로 스탠퍼드 경영대학원이 선정한 다른 상위 10대 기업들도 고전을 겪는 중이다. 대부분의 기업 리더처럼 스탠퍼드 보고서 역시 혁신이 단지 목적을 위한 수단에 불과하다는 사실을 깨닫지 못했다. 특허출원은 기업의 성공을 보장하지 않는다. 먼저 고객의 니즈에 집중한 다음 고객의 니즈에 부합하는 기술에 투자하는 기업만이 성장한다.

그 밖에도 예는 많다. 전기 차와 자율 주행차 기술에 투자하는 자동차 회사의 사례를 보자. 고객은 빠르고 저렴하고 안전한 교통수단을 찾는다. 지금은 이에 더해 고객이 환경을 덜 오염시키는 자동차를 원한다는 사실을 제외하면, 자동차에 대한 니즈는 오랫동안 변하지 않았다. 자동차의 안전성과 오염에는 최소 기준이 있지만, 속도와 가격에 대한 판단은 고객의 몫이다. 고객은 자가용, 승차 공유, 대중교통 중에서 선택할 수 있다. 물론 더 빠른 교통수단이 더 비싸다.

더 빠르다고 하는 교통수단도 가장 큰 제약은 차량 속도가 아닌 도로망과 교통 체증이다. 플라잉 택시는 빠른 교통수단과 빠른 출퇴근에 대한 고객의 니즈를 앞서 언급한 세 가지 교통수단보다 더 잘 해결할 수 있다. 플라잉 택시는 날아다니기 때문에 도로와 교통 체증의 영향에서 자유롭다. 그러나 현재 미국에서 플라잉 택시 기술에 투자하는 자동차 회사는 없다. 한편 두바이에서는 이미 플라잉 택시가 시범 운행 중이다(CNN과 유튜브에서 영상을 확인할 수 있다). 현재 플라잉 택시는 보잉, 에어버스, 스타트업이 개발하고 있다. 적정한 가격대를 찾는 것이 중요한 과제다. 그러나 미국 연방항공청 Federal Aviation Administration, FAA의 규제로 미국보다 두바이, 일본, 유럽에서 플라잉 택시가 먼저 도입되는 것을 지켜보게 될지도 모른다.[18]

자동차 회사는 고객의 니즈에 부합하는 기술에 대한 연구와 투자를 하지 않고 전기 차와 자율 주행차 연구에 주력하고 있다. 두 가지 교통수단 모두 목적지에 더 빠르게 도달하지 못할 뿐 아니라 더 비싸고 다른 문제까지 불러일으킬 수 있다. 자율 주행차는 중대한 안전 문제를 안고 있다. 구글의 자율 주행차 계열사 웨이모Waymo는 안전을 위해 백업 드라이버를 운전석에 재배치했다. 미국 과학 전문지 〈사이언티픽아메리칸Scientific American〉에 따르면, 전기 차가 반드시 환경친화적인 건 아니며, 배터리를 연료로 하는 차의 친환경성은 전기 공급업체가 얼마나 환경친화적인지에 달려 있다.[19] 전기 차는 단지 오염원을 도시에서 교외의 전기 생산 시설로 이동시킬 뿐, 전기 시설에서 재생에너지원을 사용하지 않는 한 환경오염 수준은 감소하지 않는다. 전기 차 관련 기술은 의도와는 달리 업계의 판도를 바꾸는 게임 체인저가 될 가능성이 작은 데다 미지근한 고객 수요가 이를 예견하고 있다.

그렇다면 자동차 회사는 왜 플라잉 택시에 투자하지 않고 여전히 자율 주행차와 전기 차에 투자할까? 여러 이유 중 하나는 자동차 회사가 테슬라(전기 차)와 구글(자율 주행차)의 화려한 마케팅에 넘어갔기 때문이다. 한편으로는 규제에 대한 우려 때문에, 다른 한편으로는 자동차 회사가 투자자에게만 집중했기 때문이다. 자동차 회사의 마케팅에 현혹된 투자자 역시 전기 차와 자율 주행차 기술에 투자하지 않으면 주가가 하락할 것으로 생각한다. 그러나 고객이 전기 차와 자율 주행차보다 더 좋은 대안을 찾으면 자동차 산업은 붕괴될 것이다. 새로운 방식으로 고객의 니즈를 해결하는 플라잉 택시는 아이폰이 스마트폰 업계에 일으킨 것과 같은 파장을 자동차업계에 일으킬 것이다. 제약에서 금융, 케이블에 이르는 모든 산업에서 비슷한 일이 일어날 수 있다. 고객의 니즈에 부합하는 기술과 혁신에 투자하는 기업이 성공할 것이다. 반면, 기업의 이익만 앞세우는 기술에 투자하는 기업은 수십억 달러를 투자하더라도 실패할 것이다.

월마트는 아마존 때문에
실패한 것이 아니다

대기업이 휘청이고 있다. 그 결과, 경제 불확실성과 고용 불안정이 발생했다. 고객에게 집중하지 않은 것이 원인이다. 최종 소비자를 대상으로 하는 기업뿐 아니라 다른 기업과 거래하는 기업도 마찬가지다. 모든 기업은 와해된다. 소비자와 멀리 떨어진 공급망의 말단에 있다고 해도 예외는 아니다. 당신이 고객의 니즈를 외면하면 당신의 기업은 와해될뿐더러 파괴적 혁신의 여파가 지연될수록 피해는 더욱 커질 것이다.

기업의 리더가 세대와 문화에 따라 다른 고객의 니즈를 이해하고 해결할 때 기업을 성공으로 이끈다. 그렇지 못하면 기업은 와해된다. 월마트 창업자 샘 월튼Sam Walton은 다음의 유명한 말을 한 적이 있다. "상사는 단 하나, 바로 고객입니다. 고객은 단지 다른 곳에서 쇼핑을 함으로써 회장을 비롯한 모든 직원을 해고할 수 있습니다."

샘 월튼은 대용량 제품에 집중하고 가격을 낮게 유지해 소매업에 혁명을 일으켰다. 월마트는 전 세계 어느 기업보다 더 많은 매출을 올리고 더 많은 직원을 고용했다. 고객을 최우선으로 여기는 그의 신념 덕분에 당연히 월마트가 최고의 고객 평점을 받을 것으로 예상할 것이다. 하지만 아이러니하게도 미국 소비자만족지수American Customer Satisfaction Index에서 월마트는 계속해서 소매업 중 가장 낮은 고객 서비스 평점을 받았다.[20] 월마트의 실패는 전혀 놀랍지 않다. 월마트는 아마존 때문에 실패한 것이 아니라 고객이 다른 곳에서 구매하기로 결정했기 때문에 실패한 것이다. 월마트와 같은 사례는 GE, IBM, P&G, HP를 포함한 전 업계에서 일어나고 있다. 그들은 한때 업계 선두였지만 지금은 와해됐다.

거의 모든 경우 고객에게 집중하지 않은 것이 원인이다. 특히 지금처럼 고객이 그 어느 때보다 많이 알고 충성도가 가장 낮은 시대에는 그것이 파괴에 이르는 지름길이다. 당신이 아무리 혁신에 대해 열변을 토해도 고객은 동요하지 않는다. 광고도 고객의 마음을 사로잡을 수 없다. 당신의 제품과 서비스가 고객의 니즈를 해결해준다면 떠나간 고객도 돌아올 것이다. 샘 월튼은 이 사실을 매우 잘 알았지만 그의 후계자는 그렇지 못했던 것 같다. 결과적으로 한때 미국에서 업계 선두였던 월마트의 고객은 계속 감소하고 있다. 반면, 변함없이 고객의 니즈에 집중하는 아마존의 고객은 증가하고 있으며, 앞으로도 계속 증가할 것으로 보인다. 고객에게 집중하고 변화를 적극적으로 수용하는 데 있어 당신의 회사는 월마트에 가까운가, 아마존에 가까운가?

2장

변화하는 고객 니즈를 어떻게 해결할 것인가

CUSTOMER-DRIVEN
DISRUPTION

　　　　　　파괴되지 않으려면 고객의 니즈를 이해
하는 것만으로는 부족하다. 고객의 니즈를 해결할 전략을 고안해야
한다. 그러나 너무나 많은 기업이 투자자와 단기 주가를 올리는 데
만 집중한다. 물론 장기적으로 기업은 주주 가치를 증대해야 한다.
그러나 그 목표를 실현하는 방법은 투자자에 집중하는 단기 전략이
아닌 고객 만족을 지속하는 장기 전략이어야 한다.

　기업의 임원 대부분이 고객에게 필요한 것을 제공해야 한다는 사
실을 잘 알고 있다. 하지만 회사의 인센티브와 보상 체계가 이를 뒷
받침하지 못하고 임기도 짧아서 임원은 단기 성과에 집착하게 된
다. 그림 5에서 보듯, 미국의 임원 대부분이 관대한 주식 보상과 최
소 재직 기간 2~3년, 권리 행사 기간 10년이라는 조건으로 스톡옵
션 보상을 받는다. 대부분의 보상이 재정 지표에 근거해 이뤄진다.

당연히 임직원은 보상(주가)을 극대화하는 전략에 집중한다. 장기적으로 볼 때 그렇게 하는 것이 고객 만족과 정면으로 충돌하는 경우에도 말이다. 임원이 단기 주가(동시에 자신의 보상)를 증대하는 방법으로는 인수 합병, 점증적 혁신, 마케팅, 로비, 글로벌 확장이 있다. 그러나 고객이 결국 기업과 산업을 뒤흔들게 되면서 이 같은 단기 전략이 장기적으로 재앙과도 같은 결과를 불러오는 일이 빈번하다. 〈뉴욕타임스〉는 다른 기업을 인수하기 위해 부실채권을 이용한 유망 기업들이 위기에 처했다고 보도했다.[1] 임원이 창출하는 장기적인 가치를 기반으로 보상하는 전략이 더 좋은 전략이다.

소셜 미디어상의 고객 피드백, 재구매 고객 비율, 고객 증가 등의 지표와 임원 보상이 연계되면 임원은 고객에 집중할 것이다. 이는 재무 지표와 균형을 이뤄야 한다. 임원에 대한 보상 기준이 고객 만

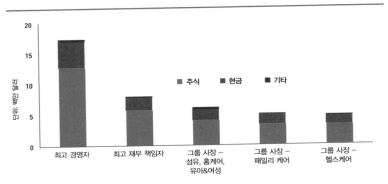

그림 5 | P&G 임원 보상 체계. 현금은 급여와 보너스 포함, 주식은 주식과 옵션 포함, 기타는 연금, 임원 수당, 기타 수입 포함. 평균적으로 P&G 임원 보상의 70퍼센트는 주식이 차지함 (그중 20퍼센트는 스톡옵션). 출처: 프록터앤드갬블, '2018 임원 봉급 계산표', 2018년 8월 24일, **https://goo.gl/faahkg.**

족이 되면 임원은 고객의 니즈를 만족시킬 전략을 고안하고 조직의 역량을 현명하게 이용할 것이다.

업력 185년의 미국 소비재 기업 프록터앤드갬블P&G의 사례를 보자. P&G는 변화하는 고객의 니즈를 만족시킬 장기 전략이 아닌, 앞서 언급한 단기 전략을 추구한 결과 고전을 겪고 있다. P&G의 목적, 가치, 신념 선언문이 "우리는 최상의 품질과 가치를 지닌 브랜드 제품과 서비스를 제공함으로써 현재와 미래의 전 세계 고객의 삶을 나아지게 하는 데 기여하겠다"라고 천명한 것과는 달리[2] P&G는 전 세계 시장이 변하고 있고 과거에 통했던 방식이 더는 통하지 않는다는 사실을 깨닫지 못하고 있는 것 같다.

P&G보다 고객에 더 집중하는 회사는 많지 않다. P&G의 긴 수명이 이를 증명한다. 그러나 그림 6에 나타난 것처럼 P&G의 매출은 2014년 830억 달러에서 2018년 670억 달러로 감소했다. P&G는 2016년과 2017년에 수익성이 낮은 브랜드를 정리해 이윤 폭의 증대를 꾀했다. 최고의 인재들이 광고와 연구 개발에 투입됐지만 2017년 이윤 폭이 다시 감소한 것을 보면 이 접근법은 효과가 없어 보인다.

P&G의 전통적인 전략이 효과를 발휘하지 못하는 이유는 무엇일까? 경제가 성장하고 있음에도 미국 소비자들은 생활용품 소비를 줄이고 있고, P&G의 오가닉 성장organic growth(기업의 자체 경쟁력 신장을 통한 성장─옮긴이)은 1퍼센트와 3퍼센트 사이에 머물러 있다. P&G의 자회사 질레트Gillette의 미국 내 시장점유율이 감소한 반면,

달러셰이브클럽Dollar Shave Club과 해리스Harry's의 시장점유율은 증가
하고 있다. 인도에서 P&G는 파탄잘리처럼 천연 성분을 더 많이 함
유한 전통적인 인도 제품을 취급하는 기업에 시장을 내주고 있다.
전 세계 밀레니얼 세대는 이전 세대보다 건강에 좋고 천연 성분으
로 만든 제품에 관심이 더 많다. 그러나 더 건강하고 자연적인 제품
일지라도 밀레니얼 세대는 높은 가격을 지불하지 않는다. 행동주의
주주 넬슨 펠츠Nelson Peltz가 지적했듯이 "전 세계적으로 고객 취향
이 변하고 있다". 모든 상황이 큰 손실을 의미하지만 P&G 임원은
이유를 깨닫지 못한 것으로 보인다.[3]

넬슨 펠츠의 설명을 요약하자면, 대표적인 이유는 바로 밀레니얼
세대가 유명 브랜드를 신뢰하지 않고 천연, 유기농, 건강 제품을 선
호한다는 점이다.[4] 즉, P&G의 전략이었던 기존 제품의 점증적 향

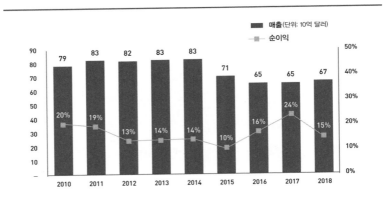

그림 6 | 프록터앤드갬블 매출 및 이익률 동향. 출처: 〈연례 보고서〉, P&G, https://goo.
gl/5KEp6V.

상, 매년 가격 인상, 광고를 통한 구매 유도는 밀레니얼 세대에게 통하지 않는다. P&G는 과거 투자자가 선호했던, 빠르게 성장하고 가격을 인상하는 능력을 잃은 것 같다. 살아남고 싶다면 P&G는 천연, 유기농 제품에 대한 밀레니얼 세대의 니즈를 충족하는 전략을 가지고 나와야 한다. 이것이 바로 인도의 업스타트 기업 파탄잘리가 한 일이다. P&G도 같은 방법으로 성장세를 회복하고 장기적인 투자자 가치를 창출할 수 있다.

고객의 니즈를 이해하고, 니즈에 부합하는 전략을 구축하고, 운영 및 조직 구조와 보상 체계를 전략과 연계하는 것이 성공의 열쇠다. 현재 이를 잘 이행하는 기업은 극히 소수에 불과하다. 성공하는 기업의 리더는 투자자를 위한 단기 전략에 집중하는 대신 고객을 최우선 순위에 둘 것이다. 그렇게 할 때만 비로소 기업 리더는 성공에 이르는 전략을 선택하고 조직 전체를 그 전략에 맞게 다시 조직할 수 있다.

당신의 회사가 성공할 가능성은 얼마나 될까? 다음 질문을 진지하게 생각해본다면 답을 얻을 수 있을 것이다.

- 당신의 회사는 고객에게 얼마나 집중하며, 그들을 얼마나 이해하고 있는가?
- 고객의 니즈를 충족하기 위해 추구하는 전략과 생산 여력이 얼마나 효과적인가?

두 질문에 대한 답이 긍정적일수록 회사가 성장할 가능성은 크다. 당신의 회사가 작다고 해도 변화하는 고객의 니즈를 주시한다면 업계의 리더가 될 준비를 마친 것이다. 또한 변화하는 고객 니즈에 부합해 계속 전략을 수정해나간다면 당신의 회사는 계속 성장할 것이다. 만약 이 두 가지에 능숙하지 않다면, 그럴수록 관심을 더욱 고객에게 집중하고 고객의 니즈를 충족할 수 있는 전략을 추구해야 한다. 그렇지 않으면 당신 회사는 무너지고 말 것이다.

기업이 고객에 집중하지 않는 이유

모든 행동의 근원에는 보상 유인이 있다. 단기 주가 성과에 기반해 기업 임원을 보상하면 임원은 주가에 집중한다. 고객에게 최악의 경험을 안겨주고 장기적으로 재앙이 되는 결과를 초래하는 경우에도 말이다. 매사추세츠공과대학교MIT의 한 연구에 따르면, 1970년대 초부터 CEO와 임원의 보상 체계는 주식 보조금과 스톡옵션에 치우쳐 있었다.[5] 그때 이후로 임원의 보수는 고객 만족, 고객 피드백, 또는 다른 고객 중심 지표와 연계된 적이 없다.

회사를 창립할 때 기업가는 벤처 자본을 유치하는 것과 같은 성공이 고객 수용과 직접적으로 관련이 있다는 사실을 인식하고, 고객을 기쁘게 만드는 데 집중한다. 그러나 회사가 성장하면서 투자자는 임원 보수를 단기 주가 상승과 연계시킨다. 테슬라가 이런 방식으로 고객에 대한 언급 없이 시장평가와 주가 상승에 근거해 일론 머스크Elon Musk에 대한 보상을 제안했다. 머스크가 회사를 성장시키려면 고객의 인정을 받아야 한다는 암묵적 가정이 있었지만, 현실은 달랐다. 머스크는 고객에 집중하기보다는 공매자들과 씨름하고 있다.6

우리는 역사를 통해 보상 수준을 너무 많이 올리면 바람직하지 못한 행동을 유도할 수 있다는 사실을 알고 있다. 미국 대형 은행 웰스파고Wells Fargo는 주식 가치를 증대하기 위해 고객 신뢰를 희생시켰다. GE는 2016년부터 2017년 사이에 주가 인상을 위해 240억 달러 상당의 주식 환매를 했고, 2018년에 자금난에 맞닥뜨렸다.7 기업 임원이 단기 주가에만 집중하면 기업의 장기적인 건전성이 저해된다. 경영진을 모두 해고하고 그들을 기업가로 교체하는 것이 해결책은 아니다. 마크 저커버그Mark Zuckerberg 같은 기업가도 기업을 상장하면서 고객에 대한 초심을 잃은 것처럼 보인다. 보상, 조직 구조, 문화, 채용, 교육 모두 조직의 관심을 고객에게 돌리는 방향으로 가야 한다. 변화는 경영진에서 시작해야 하고, 임원을 보상하는 방식에서 시작해야 한다.

결국 투자자는 고객이 행복할 때 이익을 거둘 수 있다. 장기적 이익은 지속적인 고객 만족과 연결돼 있기 때문이다. 모든 소기업 경영주에게 물어보라. 소기업 경영주는 고객을 행복하게 만들 수 있느냐에 사업의 성패가 달렸다는 사실을 잘 안다. 일부 대기업은 고객의 니즈에 집중하는 것이 주주에게 이롭다는 사실을 보여줬다. 두 집단의 이해가 장기적으로 밀접하게 얽혀 있기 때문이다. 그러나 고객을 기쁘게 하는 전략이 항상 수익으로 연결되지는 않는다. 예를 들어, 프라임 서비스를 처음 도입했을 때 아마존은 손해를 입었다. 그러나 장기적으로 프라임 서비스는 투자자와 고객 모두를 만족시켰다. 아마존이 단기 이익에 집중했다면, 아마존은 지금의 위치에 오르지 못했을 것이다.

임원 보수가 기업의 단기 이윤과 연계되면 고객과 주주를 모두 만족시킬 수 없다. 따라서 CEO의 보수도 고객 만족과 기업의 장기적 성장과 연계돼야 한다. 연구 결과에 따르면, 기업이 유명해질수록 기업 리더는 고객과 더 멀어진다. 그들은 조직과 투자자를 관리하느라 더 많은 시간을 투자하고 그만큼 고객에게 쓰는 시간은 줄어든다. 리더는 자신의 역할이 직원을 교육하는 것까지라고 여긴다. CEO 1,000명을 대상으로 한 2017년 〈하버드비즈니스리뷰HBR〉 설문 조사에 따르면, 평균적으로 CEO는 전체 업무 시간의 10퍼센트를 고객에, 7퍼센트를 공급업체에, 나머지를 내부 그룹에 할애한다. 당신이 대형 거래처가 아니라면 CEO나 경영진의 관심을 전혀 받을 수 없다. 고위 경영진과 고객이 단절된 기업은 결국 실패할 수밖에 없다. 최고 경영자 존 플래너리John Flannery가 자리에서 물러나며 제안한 GE의 흑자 전환 계획이 좋은 예다. 존 플래너리의 제안서는 투자자와 내부 역량을 강조했다. 보고서 어디에도 고객의 신

뢰를 얻거나 고객의 니즈를 해결할 방안은 언급되지 않았다.[8]

위대한 리더는 고객을 만나기 위해 시간을 내고 고객과의 만남에서 배운다. 초바니Chobani의 최고 경영자 함디 울루카야Hamdi Ulukaya는 뉴욕 소호에 위치한 매장 밖에 서서 고객의 의견에 귀를 기울인다. 소기업의 경영주 역시 마찬가지다. 그들은 사무실 책상 앞에만 앉아 있어서는 작은 사업을 운영할 수 없다는 사실을 안다. 성장하는 기업을 이끌려면 CEO가 고객을 만나는 데 시간을 할애해야 한다. 그렇지 않으면 기업이 고객 중심으로 운영될 수 없다. 직원을 교육하고 사명 선언문을 바꾸는 것으로 회사의 우선순위가 바뀌지 않는다. 고객을 만나, 고객을 우선순위에 두고서 고객과 직접 대면하는 경험을 통해 그들을 이해하는 CEO만이 변화에 앞장서고 조직의 참여를 유도할 수 있다.

왜 기존의 비즈니스 전략이 실패하는가

기업의 리더가 투자자 중심의 사업 전략을 구축하는 것은 흔한 일이다. 기업 리더는 투자자 중심 전략이 보상을 극대화하고 직업 안정성을 보장해준다고 생각한다. 따라서 리더는 단기간에 매출과 이윤이 증대하길 바라며 점증적 제품 향상, 마케팅, 광고, 인수 합병, 글로벌 사업 확장 등 고객의 선택을 제한하는 전략을 실행한다. 이런 전략은 신규 고객의 니즈는 말할 것도 없고, 심지어 기존 고객의 니즈를 해결하려는 의도가 아닌 단기 주가를 올리는 것을 목표로 한다. 그러니 신규 고객의 니즈를 해결하는 것은 논외다. 이 전략을 수정하거나 전략의 중심을 고객의 니즈로 옮긴다고 해도 효과가 없다. 기업은 실패하는 전략을 버려야 한다. 그러한 전략은 고객 불만족을 불러일으키고, 결국 기업이 무너지게 만든다. 실패하는 전략과 그 전략이 고객의 니즈와 얼마나 단절돼 있는지 살펴보자.

점증적 혁신은
더 이상 통하지 않는다

기업은 단기 매출과 이윤을 증대하기 위해 고객이 제품 향상을 원하지 않는다는 증거가 있음에도 불구하고 기존 제품을 점증적으로 향상하는 데 많은 투자를 한다. 해마다 기업은 기능이 추가된 '새롭고 성능이 강화된' 가정용품이나 자동차를 가격을 올려 출시한다. 기업의 목표는 고객이 가능한 한 더 많은 돈을 쓰게 하는 것이다. 매년 애플이 출시하는 아이폰의 점증적 혁신을 예로 들자. 투자자들은 이런 업그레이드를 좋아한다. 제품 업그레이드를 통해 기업의 단기 매출과 이윤이 증대되기 때문이다. 그러나 고객을 위해 추가로 창출되는 가치는 미미하다. 결국 고객은 기업의 제품을 더 이상 사지 않게 되고, 디스럽터가 기회를 놓치지 않고 시장에 진출할 것이다.

예를 들어, P&G는 2005년 질레트를 인수하면서 면도날의 개수를 늘리고 수년마다 면도기 가격을 인상했다. 온라인 면도기 업체 달러셰이브클럽, 해리스는 2011년에, 에지웰퍼스널케어Edgewell Personal Care는 2015년에 면도기 시장에 진출했고, 저렴한 면도날과 배달 서비스로 고객을 확보했다. 2013년부터 질레트의 매출 성장은 정체됐고, 2016년에는 매출이 3퍼센트 감소했으며, 2017년에는 추가로 2퍼센트 감소했다.[9] 감소한 매출을 만회하고자 P&G는 면도기 가격을 2014년, 2015년에 각각 4퍼센트, 2016년에 5퍼센트 인상했다(그림 7 참조). 마침내 질레트는 상류층 고객에게도 지출 한계선이 있다는 사실을 깨달았다. P&G는 2017년 빼앗긴 고객을 되찾

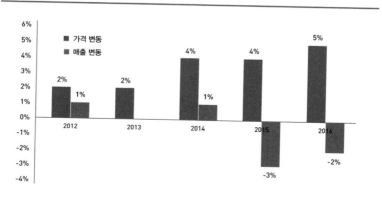

그림 7 | 질레트 매출 증가-가격 vs. 매출. 출처: 유로모니터, 그림, '시장점유율에 치명상을 입은 질레트, 면도기 가격 인하', 샤론 터렙, 〈월스트리트저널〉, 2017년 4월 4일, https://goo.gl/fcxj86

기 위해 제품 가격을 낮추고, 온라인 경쟁 업체와 비슷한 가격 수준의 신제품을 출시했다. 하지만 고객은 돌아오지 않았다.

점증적 혁신 전략은 여전히 전 산업에 걸쳐 이용되고 있다. 우리 회사와 고객사와의 경험에 따르면, 기업은 R&D 예산의 20퍼센트를 획기적 혁신에 투자하는 반면 예산의 80퍼센트를 점증적 혁신에 쏟아붓는다. 그러나 사실은 획기적 혁신을 통해 고객의 니즈가 충족되면 매출과 이윤이 증가할 확률이 훨씬 더 높다. 아이폰 1세대가 애플에 안겨준 결과를 생각해보자. 기업은 계속해서 점증적 혁신에 투자하고, 점증적 혁신이 투자 대비 수익을 보장하리라 믿는다. 그러나 이는 더 이상 사실이 아니다. 그와 같은 전략은 베이비붐 세대와 X세대에는 통했지만 밀레니얼 세대에게는 통하지 않는다. 밀레니얼 세대는 점증적 혁신에서 가치를 느끼지 못하고, 사용하지 않을 새로운 기능에 돈을 쓰지 않는다. 삼성은 밀레니얼 세대 고객을 사로잡기 위해 주력 스마트폰만이 아니라 중저가 스마트폰에까지 더 많은 기술을 추가하기 시작했다.[10]

기업은 점증적 혁신에 투자하는 대신, 고객의 니즈를 더 잘 만족시킬 방법을 찾는 데 연구 개발 예산을 써야 한다. 그렇게 하지 않으면 다른 누군가가 더 낮은 가격에 고객의 니즈를 만족시킬 것이다. 예를 들어, 자동차 회사는 계속해서 높은 가격대의 자동차를 출시하면서, 자동차의 안전성이 강화됐으며 배출 가스 등급보다 더 적은 배기가스가 배출된다고 주장한다. 많은 밀레니얼 세대의 반응은 승차 공유 서비스를 이용하는 것이었다. 밀레니얼 세대가 생활 방식을 바꾸고 자동차를 구매하도록 유도하기는 쉽지 않을 것이다. 이제 다른 세대들도 트렌드에 합류하고 있다. 야간 시력이 약해진 베이비 붐 세대는 어두운 밤에 운전하는 대신 승차 공유 서비스를 이용한다. X세대는 승차 공유 서비스를 전용 기사처럼 생각한다.

마케팅과 광고의 전성시대는 끝났다

모든 유형의 기업은 고객이 자사 제품과 서비스를 이용하도록 만들기 위해 마케팅과 광고에 상당한 돈을 투자한다. 그들은 광고를 통해 고객이 경쟁사 제품이 아닌 자사 제품을 선택하도록 설득할 수 있다고 생각한다. 투자자 역시 광고의 힘을 믿는다. 그들은 브랜드 인지도에 장기적인 가치가 있다고 여긴다. 이는 한때 사실이었는지도 모른다. 하지만 두 가지 이유로 지금은 사실이 아니다.

첫째, 밀레니얼 세대는 광고와 브랜드보다 구매자의 후기를 훨씬 더 신뢰한다. 그들은 광고를 믿지 않는다. 또 유명인이나 제3자의 말도 믿지 않는다.[11] 전 세대의 사람들이 과거보다 더 적은 광고에 노출되고 있다. 사람들은 온라인 광고 차단 프로그램이나 케이블 방송에서 광고가 나오지 않게 하는 다양한 장치를 활용한다. 대형 이벤트인 슈퍼볼, 오스카 시상식, 올림픽을 보는 시청자도 해마다 줄고 있다. 모든 광고를 참고 봐야 하는 상황이 오면, 시청자는 아예 아무것도 안 보는 쪽을 택한다.

고객의 관심을 끌기 위한 필사적인 시도에서 코카콜라와 펩시 같은 회사는 광고에서 매장 판촉 행사와 계산대 근처에 상품을 배치하는 판매 시점 관리 마케팅으로 전략을 바꿨다. 사람들이 계산대 앞에 줄을 서는 동안 눈에 들어오는 상품을 충동적으로 산다는 계산이다. 그러나 그 전략도 예전만큼 효과적이지 않다. 고객은 주변을 두리번거리지 않는다. 그들이 보는 건 스마트폰이다. 계산대의 줄도 예전처럼 길지 않다. 고객은 인내심이 많지 않다는 사실을 아는 소매 기업들은 계산 과정을 더 단순하게 만들었다.[12]

마케팅과 광고 전성시대는 끝났다. 광고를 이용해 고객이 자사 제품을 사게 만들 수 있다고 생각하는 기업은 돈을 낭비하는 것이다. 밀레니얼 세대는 항상 브랜드에 회의적이었고 X세대와 베이비붐 세대는 예전보다 광고를 덜 시청하고 예전만큼 광고를 신뢰하지 않는다.[13] 기업은 광고에 돈을 쓰는 대신 밀레니얼 세대와 Z세대가 신뢰하는 솔직한 고객 평가를 받을 방법을 찾아야 한다.

많은 대기업이 이를 깨닫고 마케팅과 광고에 쓰는 예산을 삭감했다. 많은 중소기업이 광고의 투자 대비 수익률이 높다고 주장하는 구글과 페이스북의 말에 현혹됐다. 그러나 그러한 주장은 제3자가 입증하지 않으면 무의미하다. P&G는 온라인 지출을 대폭 줄였다. 기업 차원에서 투명성 강화 운동을 펼친 결과 온라인 지출이 돈과 에너지 낭비라는 사실이 밝혀졌기 때문이다. 우버는 모바일 광고 에이전시 페치Fetch가 광고 클릭 수를 조작했다고 생각하고 소송을 제기했다.[14] 이제 기업은 고객의 구매를 유도하려고 광고(온라인 광고 포함)에 의존하는 습관을 버려야 한다. 광고는 효과적인 수단이 아니다.

인수 합병이
이윤 증가를 보장하지 않는다

많은 기업은 핵심 제품의 인기가 시들해 지면 경쟁사와의 인수 합병을 통해 고객의 선택을 제한하고 매출과 이윤 증가를 꾀한다. 예를 들어, 항공사 합병은 저렴해지는 항공권 가격을 상쇄하기 위한 수화물 수수료와 높은 부가 수수료를 의미한다. 기업은 인수를 통해 효율성이 증대된다고 주장한다. 그러나 고객의 니즈에 대한 언급은 없다. 월가는 낮아진 간접비 덕에 합병이 이윤 증대로 이어질 것으로 기대한다. 그러나 일반적으로 합병은 근로자와 고객 모두에게 이롭지 않다. 합병은 정리 해고를 뜻한다. 대부분 나중에 임시직과 아웃소싱의 형태로 전체 인원수는 다시 채워진다.

예를 들어, 모든 합병이 마무리되자 항공사는 매출을 증대하려는 목적으로 추가 서비스에 대한 수수료를 계속해서 인상했다.

선택권이 없는 고객은 비싼 수수료를 지불할 수밖에 없다. 항공 여객기 시장의 80퍼센트가 4대 대형 항공사인 유나이티드United

Airlines, 아메리칸American Airlines, 델타Delta Airlines, 사우스웨스트 Southwest Airlines가 차지하며, 고객의 선택권도 그만큼 제한된다. 고객 불만이 계속해서 쌓이면 결국엔 의회가 나서 현재의 업계 관행을 규제할 법안을 의결할 것이다.[15]

인수 합병이 더 이상 이윤 증가를 보장하지 않는다. 이러한 흐름을 인식한 일부 기업은 경쟁력을 갖추기 위해 인수했던 회사를 되팔고 있다. GE의 사례를 보자. GE의 CEO 잭 웰치Jack Welch는 1,000개의 기업을 인수해 회사를 키웠다. 하지만 많은 GE 계열사는 독점의 행태를 보였고, 매출과 이윤 증가를 위해 고객을 이용했다. 당연한 결과지만 고객의 불만이 커졌다. 미국 철도 고객사는 GE 레일(지금의 GE 트랜스포테이션)이 필요하지도 않은 열차와 장비 구매를 강요했다는 불만을 제기했다. GE 레일은 심지어 운영 안정화라는 구실로 다른 철도사와 고객 수요 데이터를 공유하는 것도 막았다. 철도사는 다른 괜찮은 대안을 찾자마자 GE와 거래를 끊었다.

GE의 차기 CEO 제프 이멜트Jeff Immelt는 잭 웰치가 문어발식으로 확장한 기업 중 10여 곳을 정리해야 했다. 그러나 이멜트 역시 투자자를 기쁘게 하려고 계속해서 기업을 인수했고 고객의 니즈에는 전혀 집중하지 않았다. 다른 전력 회사가 탄소 기반 연료에서 재생에너지로 눈을 돌릴 때 이멜트는 석탄과 원유에 승부를 걸었다.

2017년 말 임명된 차기 CEO 존 플래너리는 GE의 사업을 항공, 헬스케어, 에너지/전력의 3개 부문으로 축소하고 조명, 기관차 및 기타 사업을 정리하기로 결정했다. 하지만 사업의 우선순위는 여전히 주주 이익이었고, GE는 소비자 신뢰를 얻기 위한 계획을 공유하지 않았다. GE의 미래는 밝아 보이지 않았다.

인수 합병이 성장과 이익을 약속해주지는 않는다. 인수 합병은 기업이 파괴적 혁신에 휘청이고 있다는 징조다. 인수 합병 전략은 회사가 고객의 니즈에 부합하는 데 도움을 줄 때만 효과가 있다. 심지어 그런 경우에도 기업은 투자자를 기쁘게 하려고 결국 더 큰 비용을 들여 극단적인 조치를 하게 된다. 만일 새로운 상품이 필요하지만 개발하고 싶지는 않을 때, 고객을 만족시키는 기업과 파트너십을 맺거나 라이선스 계약을 하는 것이 더 현명한 전략이다.

글로벌 사업 확장은 예전만큼 간단하지 않다

한때 중국과 여러 나라 사람들은 미국 제품에 열광했다. 그러나 이제 그들은 자신들의 니즈에 부합하는 제품과 서비스를 원한다. 예를 들어, 중국은 한때 미국 밖에서 케이에프씨KFC의 최대 시장이었다. 그러나 미국식 프라이드치킨의 열풍은 끝났다. 중국인들은 다시 만두를 먹는다. 중국인의 니즈에 부합하는 데 실패하자, KFC의 모회사는 중국 사업을 분리 독립했다. 이런 예는 KFC에만 국한되지 않는다. 〈이코노미스트〉에 따르면 다국적기업이 국외에서 거두는 수익은 과거보다 감소했다.[16] 거대 기업은 변화하는 고객의 니즈에 빠르게 적응하지 못한 반면에 현지 기업은 점점 더 많은 시장에서 다국적기업을 앞지르고 있다. 다국적기업은 피할 수 없는 운명에 직면해 있다. 미국 기업은 현지 고객의 니즈를 만족시키거나 시장을 잃거나, 둘 중 하나의 결과를 맞게 될 것이다.

글로벌 사업 확장은 예전만큼 간단하지 않다. 무역 전쟁에도 불구하고 국제무역이 계속해서 증가할 것이다. 하지만 이제 다국적기업이 진출할 미개척 시장은 없다. 현재 경쟁하고 있는 시장에서도 성공하려면 변화하는 고객 니즈에 적응해야 한다. 다국적기업이 신흥 시장 고객의 니즈를 무시하면 신흥국의 파괴적 혁신 기업이 결국 미국과 유럽 시장을 뒤흔들 수도 있다. 예를 들어 아마존이 중국 진출을 시도하자 미국 식료품 소매 기업은 중국 최대 전자 상거래 기업 알리바바Alibaba와 파트너십을 맺어 아마존의 홀푸드Whole Foods 인수에 대응했다.

로비는 지속가능한 전략이 아니다

미국 기업은 고객의 선택을 제한해 불공정한 시장 우위를 점하고 투자자 이익을 증대하려는 목적으로 연방, 주, 지역 의원에 로비하는 데 막대한 돈을 쓴다. 로비에 가장 많은 지출을 하는 제약업계는 오랫동안 의약품 가격 협상력이 있는 메디케어Medicare(미국 정부가 65세 이상 또는 소정의 자격 요건을 갖춘 사람에게 제공하는 의료보험—옮긴이)와 메디케이드Medicaid(미국 연방 정부와 주정부가 공동으로 재정을 보조하는 국민 의료 보조 제도. 65세 미만의 저소득층과 장애인이 대상이다—옮긴이)에 반대해왔다.[17] 의약품 가격 협상이 안 되는 정부 보험을 가진 국가는 미국뿐이다. 미국은 또한 의약품 가격이 급격히 상승하는 유일한 국가이기도 하다. 미국이 세계 최대 제약 시장임에도 불구하고 미국 소비자는 세계에서 가장 비싼 약값을 지불한다.

소비자 선택에 대한 정부의 제한은 연방 정부 차원에서 끝나지 않는다. 주 정부와 지역 정부도 소비자의 선택을 제한한다. 예를 들어, 미국 소비자는 제조사로부터 자동차를 직접 구매할 수 없다. 주정부의 프랜차이즈 법이 자동차 대리점을 보호하기 때문이다.

그러나 소비자들은 의원들이 법을 바꾸도록 압력을 가하는 데 성공하고 있다. 승차 공유에 대한 택시업계의 거센 저항에도 불구하고 대부분의 시 정부는 시민의 압력에 승차 공유를 허가했다. 대부분의 산업에서 이런 경험이 일어나는 것은 시간문제다. 유권자의 말을 무시하고 재선되는 선출 의원은 없다. 투자자 수익을 증대하는 데 있어 로비는 지속 가능한 전략이 아니다. 전 세계 사람들은 로비를 혐오한다.

모든 로비가 나쁜 것은 아니다. 어느 기업이든 돈을 투자해 입법자를 교육해야 한다. 문제는 입법자를 교육하기보다는 그들에게 영향력을 행사해 소비자의 선택을 제한하려는 시도에 더 많은 돈이 쓰인다는 점이다. 입법자에게 영향력을 행사하는 돈은 역효과를 부른다. 일단 기업의 행태가 드러나게 되면 평판을 되돌릴 길은 없다.

밀레니얼과 Z세대가 온다

앞에서 언급한 전략에 대한 의존을 중단할 때가 됐다. 이런 전략은 모두 장기적인 성장이 아닌 단기 주가 상승을 지나치게 중시한다. 기업과 리더는 고객을 만족시키는 데 집중하고, 고객의 현재 및 미래의 니즈를 만족시킬 새로운 전략을 고안해야만 한다. 그렇지 않으면 고객으로 인해 사업이 뒤흔들리게 될 것이다. 또한 그 충격은 과거보다 더 공격적이고 빠를 것이다. 이런 추세는 밀레니얼 세대와 Z세대가 주요 구매 집단이 되면서 더욱 가속화할 전망이다.

새로운 고객 중심 전략이
필요하다

기존 전략을 수정하는 것으로는 고객을 확보하거나 유지할 수 없다. 현재 고객과 미래 고객의 니즈에 부응하려면 기업은 고객 중심의 새로운 전략을 개발해야 한다. 이미 새로운 전략을 개발해 큰 수익을 올리는 기업들이 있다.

초바니의 폭발적인 성장세를 살펴보자. 초바니의 창립자 함디 울루카야는 건강한 음식을 원하는 고객들이 그릭 요거트에 2배의 돈을 치를 것이라고 판단하고 크래프트로부터 유제품 공장을 매입했다.[18] 초바니는 즉시 건강에 관심이 많은 고객들에게 인기를 끌었다. 울루카야는 회사를 매각하는 대신 발 빠르게 회사 규모를 확장하고 증가하는 수요에 대응했다. 초바니는 공장 건너편에 대형 물류 창고를 세우고 아이다호주에 대형 공장을 하나 더 지었다. 초바니는 증가하는 건강식품 고객 수요에 부응하는 역량을 갖춘 덕분에 성장했다. 초바니의 미국 요거트 시장점유율은 2010년 7퍼센트에서 2016년 22퍼센트로 증가한 반면, 다농 Danone과 요플레 Yoplait의 시장점유율은 하락했다(그림 8 참조). 초바니는 곧 글로벌 시장으로

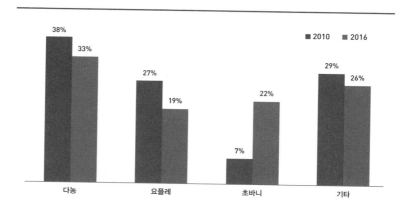

그림 8 | 미국 요거트 시장점유율. 출처: 유로모니터. 표, 존 켈, '제너럴밀스, 문화 전쟁에 패하다', 〈포춘〉, 2017년 5월 22일, https://goo.gl/JfeRdQ.

뻗어나갔다.

　다음은 고객 중심 전략, 즉 서비스, 개인화, 속도, 품질, 쇄신의 개요다. 이 전략들은 기업이 고객의 니즈를 해결하는 데 도움이 된다. 이어지는 장에서는 이 전략들을 활용하는 방법을 자세히 다룰 것이다.

서비스

　　　　어떤 고객이든 품질보증, 빠른 환불, 쉬운 크레디트 적립 같은 서비스를 좋아한다. 또 대다수 고객이 무료 배송, 쇼핑 안내, 간편한 계산 등의 편리한 서비스들을 선호한다. 대부분의 고객은 그들이 가치 있게 여기는 서비스를 제공하는 회사에 돈을 더 지불할 것이다. 그러나 많은 기업이 이런 일을 잘하지 못한다. 기업은 경쟁사를 이기기 위해 모든 고객 세그먼트에 서비스를 제공하고 난 뒤에야 수익성이 없다는 것을 깨닫는다. 그보다 훨씬 더 효과적인 방법은 특정 고객 세그먼트에 서비스를 집중적으로 제공하는 것이다. 그렇게 함으로써 충성 고객을 확보하고, 그들의 지출을 증대하는 놀라운 결과를 얻을 수 있다. 무료 배송을 비롯한 다양한 혜택을 유료로 제공하는 아마존 프라임Amazon Prime 서비스가 좋은 예다.

개인화

밀레니얼 세대의 개성 표현 욕구는 이미 개인화와 맞춤형 상품과 서비스에 대한 수요를 증가시켰다. 그러나 기업은 돈을 더 낼 생각이 없는 밀레니얼 세대 때문에 개인화 전략에서도 고전을 면치 못하고 있다. 기업은 디자인, 제조, 출고에 대해 창의적으로 접근함으로써 저렴한 가격에 개인화를 실현할 수 있다. 일본 패션 온라인몰 조조타운 같은 몇몇 기업이 개인화 실험을 진행하고 있지만, 아직 개인화에 완벽하게 접근하지는 못했다. 개인화는 모든 기업에 큰 기회이자 위협이다.

속도

밀레니얼 세대는 당장 모든 것을 손에 넣길 원하고, 자신의 직업이나 구매에 이르는 모든 일에 있어 인내심이 크지 않다. 밀레니얼 세대는 브랜드 충성도가 거의 없어 평소 좋아하던 제품이나 서비스여도 제때 사용할 수 없으면 다른 제품과 서비스를 이용한다. 이런 사고방식에 적응하지 못하는 기업은 적응에 성공한 기업에 패배할 것이다. 또 밀레니얼 세대뿐 아니라 이전 세대의 인내심도 줄어들고 있다. 이전 세대는 계산대에서든 전화기 앞에서든 기다리는 것을 좋아하지 않는다. 그들은 좋아하는 브랜드를 기다려주지 않는다. 따라서 기업의 리더는 상품과 서비스를 더 빨리 제공할 방법을 찾아야만 한다. 그렇지 않으면 그들이 눈치채기도 전에 고객은 경쟁사의 제품과 서비스를 사고 있을 것이다. 또 대부분의 기업에 있어 더 빨리 일하는 것은 전혀 새로운 방식으로 생각하는 것, 즉 고객의 새로운 기대에 부응하는 것을 의미한다. 초바니는 상품이 히트했을 때 기업이 얼마나 빨리 확장될 수 있는지 보여주는 좋은 예다. 패스트 패션 기업 자라 역시 기업이 변화하는 고객 트렌드에 신속하게 대응하는 방법을 잘 보여준다.

품질

제품이나 서비스를 구매하기 전에 아마존과 다른 사이트에서 구매 후기를 읽어보는 고객이 늘고 있다. 고객은 제품의 성능, 서비스, 품질 문제 등을 조사하고, 기업의 주장이나 광고가 아닌 다른 구매자들의 의견을 신뢰한다. 이제는 모든 제품과 서비스가 고객에게 얼마나 효능이 있었는지에 따라 평가된다. 품질 향상이야말로 재구매 고객과 긍정적인 후기를 읽은 새로운 고객을 확보할 수 있는 확실한 방법이다. 대부분의 리더가 품질 향상을 위한 노력을 충분히 하지 않는다. 경쟁사를 앞지르면 리더는 자사 제품이 훌륭하다고 생각한다. 그러나 지금 시대에 경쟁에서 아무리 앞서 있더라도 훌륭한 상태를 장기간 유지할 수 있는 기업은 없다. 고객 만족을 유지하려면 끊임없이 품질을 향상해야 한다. 독일의 식료품 할인 마트 체인 알디와 리들은 품질에 집중함으로써 할인 마트가 유럽 전역에서 인기를 얻게 된 비결을 보여준다.

쇄신

고객의 니즈는 변하고 고객이 미래에 무엇을 원할지 예측하기란 어렵다. 기존 고객을 만족시키는 것만으로는 부족하다. 현재의 고객은 물론 누가 됐든 미래의 새로운 고객에게 계속해서 감동을 선사해야 한다. 그렇게 하는 유일한 방법은 고객의 니즈에 부응하는 전략을 개발하는 데 탁월해지는 것과 전략을 계속 업데이트하는 것이다. 이는 조직 전체를 쇄신해 고객의 니즈가 발생하는 순간, 심지어 발생 전에 니즈를 파악해 대응하게 만드는 것을 의미한다. 디즈니는 수십 년에 걸친 쇄신을 통해 모든 세대에게 사랑받는 기업이 된 훌륭한 사례다.

이런 전략들이 성공을 거두려면 기업이 고객의 니즈에 부응할 수 있는 운영 능력을 갖췄는지가 매우 중요하다. '클수록 좋다'거나 또는 '만능 해법' 같은 산업혁명 시대의 경영 철학으로는 전략을 성공으로 이끌 수 없다. 초바니가 성공한 이유는 증가하는 고객 수요에 대응해 조직을 확대하는 역량 덕분이었다. 초바니의 창립자 울루카야는 이렇게 말했다. "식료품 코너가 스타트업 기업으로부터 이런 도전을 받고 이만큼 빨리 변한 적은 없습니다. 기술 분야를 포함해 초바니가 가장 빠르게 성장하는 신생 기업이라고 말하는 사람도 있습니다."**19**

대부분의 기업이 초바니만큼 성공적이지 못하다. 테슬라는 고객이 계약을 취소하고 경쟁 제품을 사는 와중에도 모델 3의 생산을 늘리려 애쓰고 있다. 기업 리더들은 오랫동안 운영을 외면해왔다. 이제 다시 운영에 집중할 때다. 요약하자면 기업은 고객의 니즈에 부응할 전략과 운영 능력이 있어야 한다.

얼마나 빨리 재기할 수 있는가

모든 기업은 실패를 겪는다. 기업의 생존을 결정하는 것은 그들이 얼마나 빨리 재기하느냐다. 지난 20년 간 가장 주목할 만한 실적 개선 사례는 애플이다. 1985년 애플 이사회는 CEO 존 스컬리John Sculley의 압력에 의해 스티브 잡스를 해고했다.

당시에는 잘 몰랐습니다. 그런데 애플에서 해고된 것이 내 인생에 일어난 가장 좋은 일이었습니다. 성공에 대한 부담감이 처음부터 다시 시작하는 가벼운 마음으로 바뀌고, 모든 것에 대해 덜 확신을 갖게 되었습니다. 해고된 덕분에 인생에서 가장 창의적인 시기를 보낼 수 있었습니다. 애플에서 쫓겨나지 않았다면 이런 일이 일어나지 않았을 거라고 생각합니다. 끔찍하게 쓴 약이지만 환자에게 필요한 약인 셈이죠. 이따금 삶이 벽돌로 당신의 머리를 가격하는 때가 있습니다. 그러나 믿음을 잃지 마십시오. 내가 이 일을 계속할 수 있었던 유일한 이유는 내가 하는 일을 좋아했기 때문입니다. 여러분도 자신이 좋아하는 일을 반드시 찾아야 합니다.[20]

애플을 떠난 스티브 잡스는 새로운 컴퓨터 회사 넥스트NeXT와 픽사애니메이션스튜디오Pixar Animation Studios를 설립했다. 그동안 이상주의자 스티브 잡스는 사업가로 변모했다. 아이러니하게도 부진을 겪고 있던 애플은 스티브 잡스를 다시 원했다. 1997년 스티브 잡스가 애플에 복귀해 고객의 니즈에 집중한 결과, 애플은 할머니도 사용 가능한 제품을 만들었다. 아이팟, 아이폰, 아이패드 같은 혁신을 통해 스티브 잡스는 마침내 회사를 흑자로 전환시켰다. 그 뒤 현재의 애플이 있게 된 것이다.

애플뿐 아니라 다른 인상적인 실적 개선 사례가 있다. 제너럴모터스는 2008년 파산 신청 이후 자동차 품질과 안전성을 강화해 흑자 전환에 성공했다. 마블은 만화책 시장이 와해된 1990년대에 파산했고, 그 뒤 다른 회사로 변모했다. 현재 아이언맨, 어벤져스, 스파이더맨, 엑스맨은 수십억 달러 가치의 프랜차이즈 사업이다. 이들 말고도 실패를 딛고 일어날 수 있음을 증명한 기업은 많다. 그들은 모두 투자자에게 단기 이익을 안겨주기 위해 설계된 낡은 전략을 버리고 고객 중심의 새로운 전략을 추구한 덕분에 재기할 수 있었다.

3장

기존
고객으로
승부하라

CUSTOMER-DRIVEN
DISRUPTION

기존 고객은 신규 고객보다 더 큰 매출과 이윤 잠재력을 지니고 있다. 또 경쟁 업체보다 기존 고객의 니즈를 더 잘 만족시킨다면 기존 고객은 당신의 회사 제품을 더 많이 살 것이다. 연구 결과에 따르면, 기존 고객이 신규 고객보다 이윤을 5배에서 25배 더 많이 안겨준다.[1] 신규 고객은 유치하는 데 비용이 많이 들고, 일단 당신이 신규 고객을 확보하더라도 그들은 통상적으로 만족한 기존 고객보다 매출에 기여하는 바가 더 적다. 그러나 대부분의 기업은 매출 감소를 경험하면 신규 고객을 확보하는 데 주력한다. 이는 구멍 난 양동이에 물을 붓는 격이다. 당신의 고객이 이탈하고 있다면, 구멍 난 양동이를 먼저 고치거나 새 양동이를 사야 한다. 그러나 대부분 물을 더 붓기만 할 뿐이다.

월마트의 사례를 보자. 월마트는 전 세계 어느 기업보다 많은 상품을 팔고 많은 직원을 고용한다. 월마트는 1990년대 소매업계 전반을 바꾸어놓았다. 그러나 2012년부터 2016년까지 판매량 증가율과 이윤이 꾸준히 감소했다(그림 9 참조). 매출 증가율이 2012년 6퍼센트에서 2016년 마이너스 1퍼센트로 하락했다. 순이익은 4퍼센트에서 3퍼센트로 감소했다. 2017년부터 2019년까지 매출은 1퍼센트에서 3퍼센트로 증가한 것으로 추산되는 반면, 순이익은 3퍼센트에서 1퍼센트로 감소했다. 결과적으로 월마트는 판매량을 증진하는 데 성공했지만, 이는 이윤이 희생된 결과였다.

월마트는 점포 매출 하락에 대응해 상품 목록을 줄이고 직원을 정리 해고했다. 결과적으로 상황은 더 악화됐다. 고객들은 원하는 상품을 찾을 수 없다고 불만을 드러냈다. 정리 해고는 직원의 사기를 떨어뜨렸으며, 직원들은 고객의 간단한 질문에도 나서서 대답하지 않았다. 업계 애널리스트는 고객이 월마트의 빈약한 제품 구색

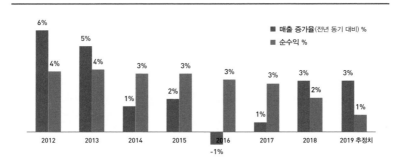

그림 9 | 월마트 매출 및 이익 현황. 출처: '월마트스토어주식회사: 매출과 판매', 이마케터 리테일, https://goo.gl/VqndAt.

과 계산대의 긴 줄, 불친절한 고객 서비스에 불평하고 있다고 보고했다.[2] 물론 일부 고객은 아마존으로 갈아탔다.

월마트는 문제가 정말 무엇인지 분석하고 해결하려고 노력하기보다는 전자 상거래 시장 진출을 꾀했다. 월마트는 매출 하락과 고객 불만의 원인을 아마존 탓으로 돌렸다. 월마트는 직원 불만과 고객 이슈 몇 가지를 해결하긴 했지만, 전자 상거래 부문 확장, 2016년 제트닷컴Jet.com(아마존이 인수한 미국 온라인 쇼핑몰—옮긴이) 30억 달러 인수, 보노보스Bonobos, 모드클로스ModCloth, 무스조Moosejaw 등의 브랜드 매입에 전념했다.

2017년 1월 월마트는 200만 개 상품 품목에 대해 35달러 이상 온라인 주문 시 2일 내 무료 배송하는 서비스도 도입했다. 그러나 아마존 프라임 서비스와는 달리 월마트는 연회비를 받지 않았다. 연회비를 계산에 넣지 않은 이 아이디어는 자연히 회사에 큰 손실을 가져왔다. 2017년부터 2019년(추정치) 사이, 월마트의 온라인 매출은 전체 매출 중 3.2퍼센트에서 4.7퍼센트로 증가하기는 했지만 이윤 폭은 2.8퍼센트에서 1.0퍼센트로 급격하게 감소했다(그림 10 참조). 월마트의 온라인 판매 증가가 수익성에 정확히 어떤 영향을 끼쳤는지는 해석하기 어렵다. 어쨌거나 전자 상거래는 월마트의 순익 증가에 기여하지 않았다.

기존 고객에 더 집중하고 그들이 더 많이 소비하게 만드는 전략이 더 효과적이었을 것이다. 월마트가 아마존을 모방하는 대신 기존 고객에 집중했다면, 또 기존 고객이 2017년보다 3분의 1만큼,

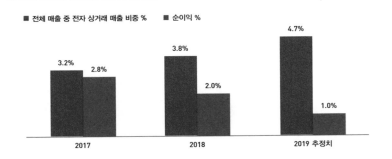

그림 10 | 월마트 수익 대비 온라인 매출 증가. 출처: "월마트스토어주식회사: 매출과 판매",
이마케터 리테일. https://goo.gl/VqndAt.

즉 35퍼센트를 더 소비했다면, 그 증가분은 아마존의 전체 매출과
이익에 상응했을 것이다(그림 11 참조).

2017년 월마트의 매출은 5,000억 달러, 순이익은 98억 달러였
다. 같은 해 아마존의 매출은 1,770억 달러, 순이익은 30억 달러였
다. 따라서 월마트가 매출과 순이익을 35퍼센트만 증대했어도 매출
은 1,750억 달러, 순이익은 34억 달러만큼 증가했을 것이다. 이는
같은 해 아마존의 총 매출과 수익에 해당한다.

그러나 월마트는 기존 고객이 더 많이 쓰도록 유도하는 데 집중
하기보다는, 아마존과 경쟁하기 위해 신규 온라인 고객을 유치하는
데 힘을 쏟았다. 결과적으로 월마트는 수익성을 희생했다. 그러는
한편 아마존은 성장을 이어갔다.

당신의 회사가 월마트와 비슷한지, 아마존과 비슷한지 궁금하다
면 다음의 질문을 읽고 답을 생각해보라.

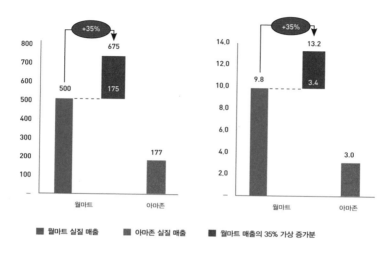

2017 월마트와 아마존 매출(단위: 10억 달러)

2017 월마트와 아마존 순이익(단위: 10억 달러)

■ 월마트 실질 매출   ■ 아마존 실질 매출   ■ 월마트 매출의 35% 가상 증가분

그림 11 ┃ 월마트와 아마존의 실질·가상 매출 및 이익. 출처: 2017 월마트 연례 보고서, 월마트스토어주식회사, 2017년 3월 31일, https://goo.gl/dqxrpD. 2017 아마존 연례 보고서, 아마존 IR, 2018년 2월 1일, https://goo.gl/bT84eT.

- 1년 전, 2년 전과 비교해봤을 때 기존 고객 또는 고객 세그먼트가 얼마나 더 많이 또는 더 적게 소비하는가?
- 이윤 폭은 어떻게 변했나?

고객 소비와 이윤이 모두 증가하지 않는다면 판매 활동에 대해 다시 고민해보고 기존 고객에게 더 어필하는 데 집중해야 한다. 이 장의 마지막에 소개할 단계에서 그 방법을 알 수 있다.

기존 고객이
더 많이 소비한다

여러 연구에 따르면, 신규 고객보다 기존 고객이 더 많이 소비하고 수익에 더 도움이 될 가능성이 크다. 〈하버드비즈니스리뷰〉는 다음과 같이 썼다. "맞는 말이다. 외부에서 새로운 고객을 찾느라 시간과 자원을 낭비할 필요가 없다. 이미 확보한 고객을 행복하게 만들기만 하면 된다." 베인앤컴퍼니Bain and Company는 "재구매 고객은 시간이 흐를수록 더 많이 구매한다"는 사실을 깨달았다.3 그러나 이런 연구 결과에도 불구하고 대부분의 기업은 신규 고객을 유치해 부진한 판매를 회복하려고 한다.

홀푸드Whole Foods의 사례를 보자. 홀푸드의 고객은 2013년부터 2018년 사이 27퍼센트 증가했다. 그러나 고객 한 명당 매출은 하락했고 이윤도 감소했다. 심지어 아마존에 인수된 뒤에도 마찬가지였다.4 신규 고객은 기존 고객만큼 돈을 쓰지 않았으며, 신규 고객에서 발생하는 중간이윤도 낮았다.

기업이 기존 고객에게 집중할 때조차도 대부분 매출 증가에 도움이 되지 않는 낡은 방식에 의존한다.

고객 충성도 프로그램은 효과가 없다

항공에서 슈퍼마켓, 렌터카에 이르는 전 산업은 수십 년간 고객 충성도 프로그램을 운영하며 돈을 더 많이 쓰는 고객에게 더 많은 할인이나 다른 혜택을 약속했다. 미국 마케터들은 연간 약 900억 달러를 비현금성 고객 충성도 프로그램에 사용한다. 그러나 그만큼의 투자는 점점 낭비에 지나지 않는 듯하다. 글로벌 컨설팅업체 액센츄어Accenture에 따르면 54퍼센트의 사람들이 지난해 서비스 제공자를 변경한 경험이 있고, 78퍼센트가 3년 전보다 변경하는 주기가 더 짧아졌다고 응답했다.[5] 소매업, 케이블 TV, 은행, 가정 및 기업 인터넷을 이용하는 고객이 서비스 제공자를 바꿀 가능성이 가장 크다.

그러나 이 모든 것이 기정사실임에도 기업은 계속해서 고객 충성도 프로그램을 강화한다. 미국의 백화점 메이시스Macy's는 판매량이 급감해 2015년 폐점해야 했지만 2년 뒤 메이시스의 CEO 제프 제네트Jeff Gennette는 이렇게 말했다. "연말 행사에 많은 기대를 걸고 있습니다. 모두가 선물을 사러 메이시스를 찾는 그때가 우리가 진정으로 빛나는 순간입니다. 고객 충성도 프로그램, 매장 내 특별 행사, 높은 모바일 및 온라인 점유율 덕에 연말 판매가 신장될 것입니다."[6] 2017년 메이시스는 '스타 리워즈'라는 고객 충성도 프로그램을 개편해 무료 배송 등의 온라인 구매 혜택을 추가했다. 연말 시즌에 메이시스의 매출이 1.3퍼센트 증가했지만 비슷한 품목에 대한 온라인 소매업체 웨이페어Wayfair와 아마존의 매출은 훨씬 더 가파르게 증가했다.

높은 고객 충성도를 자랑하는 기업은 고객 충성도 프로그램을 운영하지 않는다. 트레이더조Trader Joe's의 댄 베인Dan Bane도 이렇게 말했다. "우리는 여러분이 힘들게 번 돈으로 쇼핑하고 받는 특별 카드나 이른바 '리워드'에서 고객 충성도가 나오지 않는다는 것을 압니다. 트레이더조는 다음 방문 시 할인을 제공하는 1미터짜리 쿠폰을 찍어내서 고객의 충성도를 시험하지 않습니다. 우리는 매일 가장 낮은 가격의 상품을 제공하는 것으로 고객의 사랑에 보답합니다. 쿠폰이나 클럽 회원 카드는 전혀 필요하지 않습니다."[7] 세이프웨이Safeway와 슈퍼밸류Supervalu 같은 미국의 다른 식료품점들은 속속 폐점하고 있지만, 트레이더조는 오히려 신규 매장을 열고 있다.

고객은 충성도 프로그램 때문에 기업을 계속 이용하지는 않는다. 고객이 남아 있는 이유는 그 기업이 다른 경쟁사보다 고객의 니즈를 더 잘 해결하기 때문이다.

고객 유지 프로그램은
역효과를 초래한다

다른 기업은 고객을 붙잡기 위해 고객이 서비스를 해지하거나 계정을 탈퇴하려고 할 때 인센티브를 제공하고, 해지를 어렵게 만들고, 심지어 해지에 따른 불이익을 주기도 한다. 고객에게 벌금을 부과하거나 고객이 원하지 않는 일을 강요하는 것은 사업에 도움이 되지 않는다.

컴캐스트Comcast 같은 미국 케이블 사업자들은 이런 수법으로 악명 높다. 2014년 11월, 컴캐스트를 이용하는 한 고객이 서비스를 해지하기로 마음먹었다. 그런데 몇 시간 동안 고객 서비스 직원이 서비스 해지를 거부하고 계속 이런저런 핑계를 댔다. 컴캐스트 CEO 브라이언 로버츠Brian Roberts가 이를 전해 듣고 이렇게 말했다. "저는 서비스 해지를 원하는 고객이 겪은 낭패를 전해 듣고 얼굴을 들 수 없었습니다." 그 뒤 브라이언 로버츠는 직원과 리더를 교체하고 고객 서비스 부서를 개혁하기로 약속했다. 그러나 컴캐스트는 여전히 직원들로 하여금 고객이 원하지 않는 서비스를 강매하고 서비스 해지를 거의 불가능하게 만들도록 장려하고 있다. 컴캐스트와 고객의 적대적 관계는 계속되고 있으며, 컴캐스트는 여전히 미국 소비자가 가장 싫어하는 기업 중 하나다.[8] 당연하게도 컴캐스트의 가입자 수는 계속 줄고 있다.

'고객 유지 프로그램'은 이제 부정적인 의미를 내포한다. 사람들 대부분에게 그것은 공정한 가격을 협상하기 위한 험난한 과정을 뜻한다. 고객 유지 프로그램이 단기적으로는 매출을 신장할지 모르나 고객과의 관계에 끼치는 장기적인 영향은 파괴적이다. 자연히 나쁜 관행을 일삼던 케이블 사업자의 가입자는 전례 없는 속도로 이탈 중이며, 케이블 사업자는 기업의 수명을 연장하기 위해 다른 잘나가는 회사와의 합병에 필사적으로 매달리는 중이다.

서비스 수준 향상은
신중하게 실행하라

매출 하락에 대응하기 위해 기업이 취하는 세 번째 전형적인 접근법은 서비스를 향상하는 것이다. 서비스 향상은 다른 접근법보다 더 나은 결과를 가져왔다. 기업은 서비스 수준을 향상하면 매출을 증대할 수 있다고 생각한다. 고객은 품질보증, 빠른 반품, 편리한 크레디트 적립 같은 일부 서비스를 환불보장 서비스와 거의 같다고 여긴다. 고객은 또한 다양한 제품 구성, 무료 배송, 쇼핑 안내, 간편한 계산을 무엇보다 좋아한다. 이 서비스들은 모두 고객에게 가격 이외의 혜택을 제공한다. 그러나 주의하지 않으면 향상된 서비스 수준으로 기업의 이윤이 크게 감소할 수 있다.

환불 정책 사례를 보자. 고객 대부분은 관대한 환불 정책을 선호한다. 마음에 들지 않는 물건은 무엇이든 쉽게 반품할 수 있다는 사실은 고객이 자신 있게 쇼핑하게 만든다. 특히 고객이 물건을 직접 만져보지 못하고 구매하는 온라인 쇼핑이 그렇다. 일종의 보험증서인 셈이다. 온라인 구매에 대한 환불을 쉽게 만든 것이 전자 상거래가 가능해진 배경이다. 그러나 반품은 소매업체에 비용을 야기한다. 보통 크리스마스 이후에 발생하는 반품은 소매업체에 약 3,000억 달러, 또는 전체 구매의 8퍼센트에 해당하는 비용을 초래한다. 이런 이유로 아마존을 포함한 일부 소매업체는 상습적으로 반품하는 고객의 반품을 금지한다.[9] 이해는 되지만 이는 판매자에게 오히려 역효과를 초래할 수 있다.

이번엔 투미Tumi의 사례를 살펴보자. 투미의 주력 상품인 여행 가방, 가방, 백팩은 내구성으로 유명하다. 일부 제품은 평생 품질보증 서비스가 제공된다. 투미 여행 가방은 비싸지만 내구성과 평생 품질보증, 이유를 묻지 않는 수선 정책으로 여행을 자주 다니는 사람들에게 인기가 매우 높다. 2004년 한 사모 펀드 회사가 투미를 매입한 뒤 더 많은 고객을 확보하기 위해 가격을 내리고 투미를 상징하는 평생 품질보증을 5년으로 단축했다. 2016년 쌤소나이트 Samsonite는 투미를 인수하면서 품질보증 서비스를 전면 중단했다. 이제 비행기를 자주 타는 사람들은 투미 대신 브릭스앤라일리Briggs & Riley를 추천한다.[10] 서비스 수준을 낮추면 위험이 따른다.

서비스 수준 향상에 따라 이윤이 남는다

그러나 서비스 수준을 높이는 것에도 위험이 따르긴 마찬가지다. 금융 서비스 시장의 변화가 시작되자 한 회사에서는 VIP 고객이 더 많은 서비스를 요구했다. 고객의 이탈이 두려웠던 회사는 퍼스널 뱅커, 투자 전문가, 24시간 고객 서비스와 다른 서비스를 무료로 제공했다. 하지만 회사는 이런 서비스를 전 고객에게 제공하고 아무런 비용을 청구하지 않았다. 자연히 이는 회사의 수익성을 저해했다. 인기 있는 신규 서비스를 중단해야 할 정도였다. 현명하게 서비스 수준을 향상하는 방법은 이윤을 남기는 것이다. 그렇지 않으면 새로운 서비스가 호응을 얻기 시작할 때 더 이상 서비스를 제공할 수 없는 지경에 이르게 된다. 결국 불가피한 서비스 축소로 고객을 잃고 말 것이다.

회사가 모든 고객에게 같은 수준의 서비스를 제공하면, 비용이 수익을 초과하는 일이 발생한다. 고객이 더 높아진 서비스 수준을 남용하고 악용하는 사례가 생기기 때문이다. 고객이 적정 수준의 서비스를 선택하도록 하는 장치가 없으면 일부 고객은 회사의 관대함을 악용한다. 예를 들어, 그들은 옷을 입고 외출한 다음 환불할 수도 있다. 그렇게 해도 되기 때문이다. 그러나 소매업체가 이에 대처할 방법이 있다. 예를 들어, 서비스를 남용한 적 없는 고객을 포함해 모든 고객을 대상으로 환불 정책을 변경하는 대신 서비스를 남용하는 고객에게만 환불 수수료를 청구할 수 있다. 일부 고객은 기꺼이 환불 수수료를 지불할 것이다.

아마존은 이윤을 남기면서 서비스를 향상하는 비법을 터득했다. 2005년 매출을 증대하고 싶었던 아마존은 자주 구매하는 고객에게 신규 서비스인 아마존 프라임의 유료 이용을 권유했다. 이는 재정적으로 위험한 결정이었으며, 전자 상거래 산업을 완전히 바꿔놓았다. 당시에는 택배가 고객에게 배송되기까지 1주일 이상 걸렸다. 2일 내 배송은 사치였다. 그러나 제프 베이조스Jeff Bezos가 프라임 서비스를 출시하며 언급했듯이 2일 내 배송은 "가끔 즐기는 호사라기보다는 매일의 경험"이 되었다.11

2018년 기준 아마존 프라임 가입 고객은 약 1억 명이다.12 프라임 회원은 비회원보다 2배에서 5배 더 많이 구매할 것으로 추산된다. 프라임 회원은 배송비가 '무료(많은 사람이 연회비를 내면서 이미 비용을 지불했다는 사실을 잊는다)'이기 때문에 더 많이 구매한다. 이제 아마존이 새로운 상품 카테고리를 공개할 때마다 프라임 회원은 자동으로 그 상품을 사기 시작한다. 게다가 급히 필요한 물건이 있으면 월마트나 타깃Target을 방문했던 고객들은 이제 가격이 애초에 저렴한 아마존에서 물건을 산다.

프라임 서비스 도입 이후 아마존의 배송 비용은 증가했다. 하지만 연회비가 그 비용을 상쇄하고 남는다. 아마존은 대량 배송과 소량 배송 비용의 균형점을 찾았으며, 고객 기반으로 수익을 창출하는 방법을 찾았다. 2014년 아마존이 프라임 연회비를 79달러에서 99달러로 인상했을 때 고객 반발은 거의 없었다.

이윤이 남는 서비스 향상은
경쟁사가 모방하기 어렵다

서비스 수준을 향상할 때 어려운 점은 당신이 고객을 모으기 시작하면 경쟁사가 바로 모방할 수 있다는 것이다. 새로운 서비스는 업계 표준이 되고, 경쟁사들은 고객을 유치하기 위해 더 낮은 가격 또는 심지어 무료로 비슷한 서비스를 제공한다. 결과적으로 모두 더 높은 비용을 지불하게 된다. 월마트는 프라임 서비스의 2일 내 무료 배송을 모방했지만 연회비가 아닌 최소 구매 조건을 제시했다. 현재 타깃과 다른 소매업체 대부분이 각자의 버전으로 2일 내 무료 배송을 제공하고 있다. 2018년 연말 시즌 동안, 타깃은 최소 구매 조건 없이 2일 내 무료 배송을 제공했다.[13]

서비스를 통해 돈을 버는 방법은 경쟁사가 모방하기 어렵게 만드는 것이다. 월마트와 타깃이 2일 내 무료 배송을 도입했지만, 아마존의 프라임 가입 회원은 줄어들지 않았다. 이유는 간단하다. 프라임 서비스가 2일 내 배송보다 더 많은 것을 제공하기 때문이다. 시간이 지남에 따라 아마존은 프라임 서비스에 아마존 비디오, 음악, 사진 저장을 비롯해 다른 서비스들을 추가했다. 현재 프라임 서비스의 재가입률은 95퍼센트다.[14] 아마존 최고 재무 관리자가 인정했듯, 바로 이런 추가 서비스로 인해 비용이 증가하지만 비디오 스트리밍 서비스를 이용하는 프라임 회원은 비디오 서비스를 이용하지 않는 회원보다 멤버십을 갱신하는 비율이 "압도적으로 높다".

저가 항공사도 아마존처럼 차등 서비스를 잘 활용한다. 전통적인 항공사 영국항공British Airways과 루프트한자Lufthansa를 비롯해 다른 항공사들은 출장을 다니는 고객에 주력하는 반면, 라이언에어Ryanair와 이지제트easyJet는 휴가객에 집중한다. 유럽에서는 풀 서비스full-service를 제공하는 항공권의 반값도 안 되는 가격에 저가 항공사의 표를 구할 수 있다.

저가 항공사는 수익을 내기 위해 비용을 줄였다. 항공기 제조업체로부터 큰 폭의 할인을 받고자 비행기와 운행을 표준화하고 연비를 극대화했다. 또 불필요한 고급 사양을 빼고, 운행 시간을 최대로 하기 위해 게이트 대기시간을 줄이고 저렴한 공항을 이용했다. 저가 항공사는 기내에서 음식을 판매하고 추가 수화물 등의 편의에 대해 수수료를 부과해 수익을 올렸다. 라이언에어와 위즈Wizz는 루프트한자, 영국항공, 에어프랑스Air Farance보다 더 많은 돈을 벌었다.[15] 루프트한자가 유로윙스Eurowings를, 에어프랑스가 트랜스아비아Transavia를 모방했듯, 풀 서비스 항공사가 저가 항공사의 서비스 모델을 모방하고자 했지만 실패했다. 저가 항공사의 서비스 모델은 단순했지만 똑같이 따라 하기는 어려웠다. 2007년부터 2016년 사이 풀 서비스 항공사가 연평균 3.5퍼센트 성장할 때 유럽 저가 항공사는 7.1퍼센트 성장했다.

경쟁사가 모방하기 어려운 서비스 모델을 구축할 때 지속 가능한 경쟁 우위를 창출할 수 있다. 아마존의 미국 매출과 유럽 저가 항공사가 급격한 속도로 성장하며 각자의 시장에서 업계 강자를 넘어뜨리고 있다.

수익성 있는 서비스가 매출을 늘린다

월마트의 사례는 수익성 있게 매출을 증대하기가 얼마나 어려운지 보여준다. 아마존과 저가 항공사처럼 수익과 매출을 성공적으로 증대하는 기업은 다양한 고객 세그먼트에 맞게 서비스를 구성하고 고객이 서비스에 대가를 지불할 마음이 들게 만든다. 회사는 더 좋은 서비스를 제공하기 위해 증가된 비용을 보상받는다. 거의 모든 산업에는 고객을 세분화하는 방법이 존재한다.

예를 들어, 투미는 고객에게 사랑받던 평생 품질보증 서비스를 비용을 더 투자해 제공할 수도 있었다. 평생 품질보증을 완전히 폐지할 필요는 없었다. 투미는 기본 가격대의 경쟁력을 유지하고, 품질보증 서비스에 대해서는 가격을 인상하는 방법도 있었다. 안타깝게도 투미는 평생 품질보증 서비스를 종료하고 가장 충성도 높은 고객을 잃었다. 심지어 투미는 고객이 평생 품질보증 서비스에 돈을 더 낼 의향이 있는지 조사하지도 않았다.

수익성 있게 서비스 수준을 향상하기 위해 거의 모든 기업이 다음의 단계별 접근법을 활용할 수 있다.

- 첫 번째 단계는 고객을 세분화하는 것이다. 모든 고객의 니즈는 동일하지 않다. 고객을 세분화함으로써 어떤 차별점이 중요한지 알 수 있다.

- 두 번째 단계는 각 고객 세그먼트가 중요하게 여기는 서비스를 파악하는 것이다. 투미의 경우, 비행기를 자주 이용하는 고객에게는 일반 여행객과는 다른 요구 사항이 있었다. 고객이 존중받는다는 인상을 확실하게 주려면 각각의 고객 세그먼트에 최적화된 서비스를 제공해야 한다.

- 세 번째 단계는 다양한 고객의 니즈에 따라 다양한 서비스를 갖추고 경쟁사가 모방하기 어렵게 만드는 것이다. 그렇게 하지 않으면 새로운 서비스 수준은 곧 업계 표준이 되고, 모든 기업에 비용을 증가시킨다.

- 마지막 단계는 새로운 서비스의 가격을 고객이 지불할 의향이 있는 수준으로 결정하는 것이다.

다음의 사례는 우리가 이러한 단계들을 업계 선두 이동통신 고객사에 어떻게 적용했는지 보여준다. 고객사는 사업 포트폴리오의 보완점을 확인하고 문제를 해결하기 위해 서비스 모델을 개발해야 했다. 고객사는 매출을 증대하길 원했으나 고객을 인구통계학적·행동심리학적으로 세분화해봐도 특별한 기회가 보이지 않았다.

1단계:
고객 세그먼트를 파악하라

기업 대부분이 고객 세분화를 잘 못한다. 그들은 심리학적·인구통계학적 통찰을 제공하는 방법에 의존한다. 이 방법은 마케팅과 광고에는 유용할지 모르지만 서비스 대상을 결정하는 데에는 도움이 되지 않는다. 이 방법으로는 구매 행동에 대한 통찰을 얻을 수 없기 때문이다.

더 좋은 방법은 사용 지표 또는 비즈니스 지표로 측정이 가능한 구매 행동으로 고객 기반을 세분화하는 것이다.

이 접근법은 고객 세그먼트를 정하고, 각 고객 세그먼트가 원하는 서비스를 제공하는 데 도움이 된다.

그러나 대다수 기업이 인구통계학적 세분화를 활용한다. 그들은 나이, 성별, 인종, 소득에 따라 고객을 세분화한다. 각 그룹의 사람들이 모두 어느 정도 같은 방식으로 행동하고 같은 니즈를 느낀다고 가정하는 것이다. 10대 딸 두 명을 둔 사람이라면 이것이 얼마나 사실과 다른지 경험으로 알 것이다. 같은 소득 그룹에 속한 어떤 사람들은 주로 온라인에서 쇼핑하지만 그렇지 않은 사람들도 있다. 모든 나이대, 성별, 가계소득에 속한 사람들 중에는 기술을 빠르게 받아들이는 얼리 어답터가 있다. 인구통계 자료는 제품이나 서비스를 살 의향이 있는지 확인하는 적절한 방법이 아니다.

심리 도식적 세분화를 이용해 고객의 가치관, 행동 양식, 라이프

스타일, 성격에 따라 고객 세그먼트를 나누는 기업도 있다. 예를 들어, 이동통신사는 고객을 심리학적으로 구분해 빈 둥지 부모, 전문직, 일하는 한 부모 등으로 나눴다. 각각의 심리 도식적 세그먼트의 특징에 대해서라면 몇 시간이고 얘기할 수 있다. 그러나 그 특징들은 그들에게만 해당하는 서비스 니즈를 예측하는 데 도움이 되지 않는다. 전문직에 종사하는 사람은 이동통신 서비스를 많이 이용할 수도 있고 가끔 이용할 수도 있다. 업무상 출장이 잦은 사람은 사무실에서 일하는 사람보다 데이터를 더 많이 사용할 수도 있다. 그러나 두 경우 모두 심리학적 분석과는 관련이 없다.

세 번째, 그리고 가장 적게 이용되는 행동 세분화behavioral segmentation는 실제 구매 행동, 충성도, 사용량, 사용자의 지위 등을 바탕으로 이루어진다. 이 방법을 이용하는 기업은 제품별 구매 패턴과 사용 패턴을 연구한 뒤, 사용량에 따라 다양한 사이즈의 제품을 출시한다. 치약을 예를 들면 사용 패턴에 따라 나라마다 다른 사이즈로 판매하는 것이다. 마찬가지로 고객 충성도 프로그램의 설계는 구매자가 온라인에서 또는 매장에서 얼마나 자주 구매하는지에 따라 결정된다.

나는 고객사와 일해본 경험에서 판매량/사용량, 수익성, 세그먼트의 전략적 특성 등의 비즈니스 지표를 기준으로 고객을 세분화하는 것이 가장 좋은 방법임을 깨달았다. 예를 들어, 아마존은 고객의 라이프 스타일이나 인구통계학적 정보와 관계없이 온라인으로 얼마나 많이 구매하는지에 따라 고객을 세분화했다. 이동통신사는 데이터를 많이 쓰는 고객과 적게 쓰는 고객의 니즈가 다르다는 사실을 이해해야 한다.

따라서 우리는 고객사를 위해 미국 전 지역의 응답자 800명을 대상으로 사용량, 구매 행동 및 다른 기준을 수집하는 설문 조사를 고안했다. 우리는 또한 더 깊은 통찰을 위해, 인구통계를 기반으로 응답자를 대중 시장(30세 이상 인구), 청년(30세 미만 인구), 중소기업(직원 500명 미만), 대기업(직원 500명 이상)의 네 그룹으로 분류했다.

데이터를 분석한 결과, 통상적으로 기업이나 업계가 쓰는 심리도식적 분석보다 통화 사용량(한 달 총 사용분)을 통해 더 의미 있는 세분화가 가능했다. 사람들이 휴대전화를 항상 사용하니까 모든 사람이 무선 인터넷 서비스를 많이 이용할 것이라는 생각은 오해였다. 실제로 통화 사용량은 무선 인터넷 사용량이 훨씬 적다는 뜻이었다. 휴대전화를 항상 사용 중인 사람들은 건물 안에서 와이파이를 이용하고 있었다. 대다수 고객이 무선 인터넷 서비스를 거의 이용하지 않았다. 그런데도 주요 이동통신사는 고객의 니즈를 대부분 무시했다.

무선 인터넷 대량 이용자와 소량 이용자(통화 위주 사용자)의 특징은 매우 다르다. 대량 이용자는 무선 인터넷을 더 많이 이용한다. 문자메시지, 웹, 콘텐츠 다운로드를 더 많이 이용하고 영상 시청도 더 많이 한다. 대량 이용자는 저렴한 가격보다 안정적인 망 연결을 더 중요시한다. 소량 이용자는 주로 음성 통화를 하고 문자메시지는 가끔 보낸다. 소량 이용자의 일부만 데이터를 이용한다. 소량 이용자는 가격에 매우 민감하고 통신사를 자주 변경한다.

그림 12는 소량 이용자가 전체 고객 세그먼트에 분포한다는 것을 보여준다. 소량 이용자는 대기업 고객의 22퍼센트를 차지했고 대중 시장의 51퍼센트를 차지했다. 평균적으로 소량 이용자 그룹은 전체 시장의 약 40퍼센트를 차지했다. 소량 이용자 그룹은 집과 사무실 밖에서 이동할 때만 휴대전화를 사용했다. 그들은 전통적인 고객 분류인 기업, 청년, 대중 시장 모두에 해당했다. 인구통계학적 관점에서 소량 이용자는 모든 소득수준, 성별, 인종, 나이대 그룹에 속했다. 그러나 인종적 관점에서는 젊은 히스패닉 그룹과 백인 그룹에 소량 이용자가 많았다. 다른 인종 그룹에서는 소량 이용자가 비슷하게 분포했다. 이동통신사들은 일관되게 소량 이용자 그룹을 경시하는 한편, 다양한 데이터 서비스를 제공함으로써 대량 이용자

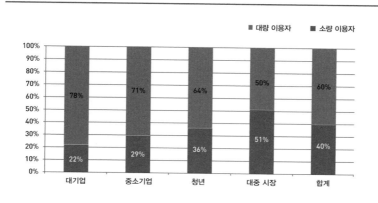

그림 12 | 고객 세그먼트별 대량 이용자 및 소량 이용자 그룹. 출처: 스리에스컨설팅.

시장을 점유하는 데 주력했다. 그러나 결과적으로 이동통신사는 40 퍼센트에 해당하는 고객의 니즈를 무시하면서 저가 통신사가 전체 이동통신 시장을 뒤흔들 빌미를 제공하고 있었다.

2단계:
각 고객 세그먼트가 중시하는 서비스를 파악하라

우리는 고객 세분화 연구를 바탕으로 소량 이용자 그룹의 니즈를 잘 이해하기 위해 고객 세그먼트 네 그룹을 새롭게 구성했다(표 1 참조). 세그먼트마다 정확한 니즈가 달랐지만 모든 고객 세그먼트는 공통으로 한 가지를 원하고 있었다. 바로

표 1 | 소량 이용자 그룹 세그먼트

인종	분류 기준	니즈
백인	대중 시장(30세 이상)	대부분 가족 요금제 사용 가격에 민감함.
백인	청년(30세 미만)	선불 충전 서비스 저렴한 데이터 서비스 이용 의향 있음.
백인	중소기업(직원 500명 이하)	회사가 무선 인터넷 요금을 지원하므로 가격에 덜 민감함. 저렴한 데이터 서비스 이용 의향 있음.
히스패닉	청년(30세 미만)	선불 충전 서비스 저렴한 국제전화, 멕시코 내 로밍. 데이터 서비스 이용 의향 있음.

저렴한 통화와 문자 비용이었다. 그들은 또한 특별한 상황이나 여행 같은 일시적인 필요에 따라 데이터 패키지, 국제전화, 로밍 서비스를 구매할 의향도 있었다.

3단계:
다양한 고객 니즈에 따라 서비스 범위를 구성하라

무선 인터넷 소량 이용자 그룹을 만족시킬 수 있는 상품을 만드는 데 성공하려면 미국의 기존 무선 인터넷 서비스 모델과는 전혀 다른 접근법이 필요했다. 또 서비스로 유명해지려면 경쟁사가 따라 하기 어려운 서비스 모델을 개발하는 것이 필수다. 이동통신사의 경우처럼 제품의 차별성이 크지 않을 때에는 차별화된 서비스 모델을 개발하는 것이 경쟁 우위를 가져온다.

우리 팀은 다른 시장에서 성공한 저가 이동통신 서비스 모델을 연구했다. 그 모델은 저렴한 기본요금에 불필요한 서비스는 빼고, 고객이 돈을 낸다고 해도 부가 서비스를 제공하지 않았다. 우리는 저가 서비스 모델이 성공하려면 풀 서비스 모델 비용보다 30퍼센트 저렴해야 한다는 사실을 깨달았다. 저렴한 비용을 유지하기 위해 회사는 가능하면 모든 비용을 없애야 했다. 휴대전화는 이용자에게 큰 비용이기 때문에 우리 팀은 고객이 기존 휴대전화를 그대로 사용하는 것을 허용하고 신규 계약을 요구하지 말아야 한다고 제안했다. 우리 팀은 저렴한 월 이용료, 저렴한 데이터 선택 요금제, 국제 전화, 멕시코 로밍을 제안했다.

이 접근법은 저가 항공사가 가격에 민감한 여행객을 유치하기 위해 사용한 방법과 비슷하다. 저가 항공사가 성공했던 비결은 표준화된 여객기, 부가 서비스 수수료, 신속한 운행이었다. 저가 항공사는 항공업계 중 가장 수익성이 큰 세그먼트였다. 우리는 저가 이동통신 서비스도 이동통신업계에서 저가 항공과 동일하게 수익성이 높은 분야가 될 수 있다고 생각했다.

4단계:
고객이 기꺼이 지불할 만한 서비스 가격을 정하라

개별 고객에게 서비스 비용을 정확히 얼마나 청구할지 정하는 것이 중요한 과제다. 청구 비용을 정하기 어렵기 때문에 기업은 일반적으로 자신들의 비용을 기준으로 삼는다. 그렇게 하더라도 다양한 서비스 비용을 정확히 파악하지 못한다. 더 좋은 방법은 어떤 가격 포인트에서 고객이 서비스에 감동하는지 파악한 뒤 그 가격을 실현할 방법을 찾는 것이다. 이것이 바로 아마존이 시도한 방법이다. 아마존은 서비스를 출시하고 손해를 감수하며 수익성을 거둘 방법을 연구한 뒤, 고객이 수용할 때까지 서비스 모델을 수정한다.

우리는 이 전략을 이동통신 고객사에 제안하며 높은 고객 유치 비용과 네트워크 비용으로 인해 처음 몇 년간은 적자를 경험할 것이라고 일러두었다. 그림 13에서 보듯, 고객사의 주요 비용은 고객 유치와 네트워크 운영에서 발생했다. 고객 유치와 네트워크 운영은 각각 매출의 36퍼센트와 33퍼센트를 차지했다. 반면 다른 비용은 비교적 적었다. 우리는 회사가 프로그램을 도입한 뒤 처음 몇 년간은 매출의 약 5퍼센트의 적자를 볼 것이라고 예상했다.

저가 모바일 서비스의 수익성을 위해 우리의 계획은 가능한 한 모든 곳에서 비용을 줄이는 것이었다. 그 계획에 따라 서비스를 온라인으로만 판매하고 단말기 보조금도 제공하지 않았다. 고객사는 다양한 시장에서 유리한 조건을 확보하기 위해 다수의 무선 이동통

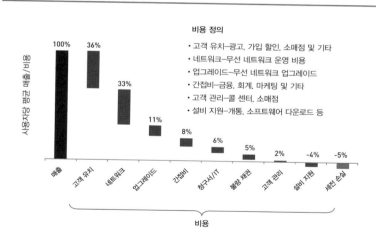

그림 13 | 사용자당 예상 월 매출 및 비용. 출처: 스리에스컨설팅.

신사와 계약했다. 간접 업무는 아웃소싱했다. 자동 결제를 권장하고 고객 지원 서비스 비용을 줄이기 위해 자동화를 도입했다.

우리는 데이터 요금제, 국제전화, 멕시코 내 로밍 등의 부가 서비스에서 수익이 발생하기를 기대했다. 이 서비스들은 가격 경쟁력이 있었고 할인된 가격에 판매되지 않았다. 고객사의 가입자 수가 증가하면 이동통신 사업자와 부가 서비스에 대한 독점 계약을 맺을 입지가 형성되고, 그 결과 수익성이 크게 증가할 것이라는 계산이었다. 고객사는 선불 충전 서비스 형태의 저가 이동통신 서비스 모델을 출시해 몇 년 안에 흑자를 달성했다.

단계적 접근 방식으로
수익을 낼 수 있다

이 같은 단계적 접근 방식은 기업이 기존 고객을 통해 이윤을 증대할 수 있게 해준다. 아마존도 이 접근법을 활용할 수 있다. 아마존 프라임 서비스는 매우 성공적인 사례였지만 모든 고객 세그먼트에서 수익이 나지는 않았다. 예를 들어, 외딴 지역에 한두 건 배송하는 비용은 매우 비쌌다. 아마존은 이런 비용을 상쇄하기 위해 2018년에 프라임 회원 가입비를 다시 인상했다. 하지만 아마존은 회원 가입비를 인상함으로써 수익성 높은 고객이 손실을 유발하는 배송 경로에 대한 비용에 지원금을 지불하게 만드는 도박을 하고 있었다. 게다가 현재 아마존 외에 월마트와 타깃 및 다른 경쟁 업체도 2일 내 배송을 제공하는 상황에서 고객은 가격 인상 때문에 등을 돌릴 수도 있다. 아마존은 도서 산간 지역 고객과 다른 저수익 고객에게 차등 요금을 제시하는 것이 더 좋은 접근이 아니었을까?

기존 고객이 더 소비하게 만들라

기존 고객이 더 소비하게 만드는 것이 비즈니스의 성배다. 수백만 명의 고객이 대형 마트를 계속 방문하지만 예전보다 덜 소비한다. 이 점이 바로 오프라인 매장이 실패하는 진짜 이유다. 아마존 때문에 실패한 게 아니다. 이들 기업은 고객의 니즈를 만족시킬 새로운 방법을 찾아 더 많이 소비하도록 만들어야 한다. 그러나 동시에 수익도 증가하는 방식으로 해야 한다. 이 장에서 제시한 단계들을 실행한다면 재정적으로 안전하게 매출을 신장하고 성공할 확률 또한 높아질 것이다.

예를 들어, 월마트는 판매량과 수익성으로 매장을 분류하고 판매량이 많은 매장에서 합리적인 가격으로 발레파킹과 배달 서비스를 제공할 수 있을 것이다. 월마트는 고객의 니즈를 바탕으로 다른 서비스들을 도입할 수도 있다. 도입될 서비스가 고객의 삶의 질을 높여줄까? 고객은 새로운 서비스에 돈을 쓸 마음이 있을까? 아마도

그럴 것이다. 그러나 월마트가 고객에게 새로운 서비스를 제공하지
않으면 확인할 방법이 없다.

4장

개인화는
사치품이
아니다

CUSTOMER-DRIVEN
DISRUPTION

開始

개인 맞춤형 제품이나 서비스를 제공하는 개인화는 비즈니스에 혁명을 일으키고 있다. 개인화는 기업 리더가 경영에 입문한 날부터 배운 기본적인 개념인 '클수록 좋다'와 '표준화'에 정면으로 도전한다. 이런 개념은 산업혁명 시대에 탄생했다. 당시에는 기업이 고객에게 많은 선택지를 주지 않았지만 어쨌든 대량으로 생산된 제품이 매우 저렴했기 때문에 고객은 제품을 구매했다.

이는 과거에만 해당하는 이야기다. 이제 어느 곳에서나 고객은 개인화 상품과 서비스를 원한다. 고객은 또한 저렴한 가격을 원한다. 한때 고객에게 사랑받았던 기업도 이 문제로 난관에 봉착했다. 예를 들어, 밀레니얼 세대는 스타벅스를 좋아하고 스타벅스의 맞춤형 커피 한 잔과 서비스를 쉽게 포기하지 못하지만, 스타벅스의 거래량은 증가하지 않았다. 스타벅스가 계속해서 가격을 인상한 것과 거래량이 증가하지 않은 것은 모두가 아는 사실이다. 그림 14에서 보듯, 스타벅스의 동일 매장 매출 증가율은 꾸준히 감소하고 있다. 동일 매장 매출 증가율은 2013년 5퍼센트에서 2018년 마이너스 1퍼센트로 감소했지만, 가치 성장은 2퍼센트에서 4퍼센트로 유지 됐다. 따라서 스타벅스의 미국 내 매출 성장은 신규 고객 소비가 아 닌 기존 고객의 소비에 기인한 것이다.[1]

여기에 중요한 교훈이 있다. 고객을 유치하려면 개인화의 가격은 저렴해야 한다. 젊은 세대, 특히 밀레니얼 세대는 개인화된 상품과 서비스를 원하지만 비싼 값을 지불할 생각은 없다. 따라서 이제 모 든 기업이 기억해야 할 핵심은 저렴한 가격이다.

개인화는 본질적으로 비싸다. 그러나 제품과 서비스의 디자인, 생산, 제조, 출시 방법에 있어 창의적으로 접근하면 개인화는 저렴

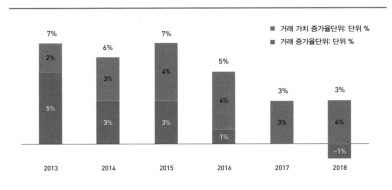

그림 14 | 스타벅스 동일 매장 증가율. 출처: '스타벅스: 동일 매장 매출', 이마케터 리테일, https://goo.gl/DF3Zin.

해질 수 있다. 몇몇 기업이 개인화를 시험하고 있지만 대규모로 개인화를 시도한 기업은 없다. 개인화는 모든 기업에 큰 기회이자 위협이다.

개인화된 제품을 합리적인 가격에 생산할 방법을 가장 먼저 찾는 기업이 매우 큰 경쟁 우위를 누리게 될 것이다. 개인화를 저렴하게 만들기 위해서는 기업 리더가 사고방식을 완전히 바꾸고 유연한 운영을 고안하며 낭비를 줄여야 한다. 대량으로 생산하는 대형 공장은 새로운 개인화 시대에 맞지 않는다. 제품이 고객 개인별로 맞춤 생산되면 생산 규모가 줄어들 것이다. 기업은 생산 시설에서 반복 작업을 하는 비숙련 노동자 대신 개인 맞춤형 제품을 생산할 숙련 노동자를 고용해야 한다. 또한 공급망을 재설계하고 다양한 유형의 고객 수요에 맞게 공급망을 간소화해야 한다. 그와 동시에 맞춤형 제작 과정에서 자주 발생하는 낭비를 줄일 방법을 찾아야 한다. 이 모든 것을 위해 기업 운영을 계획하고 최적화하려는 노력이 필요하다. 그와 더불어 각 기업과 그 고객에게 맞는 대책을 찾아야 한다.

한편, 저렴한 가격, 처음부터 다시 시작하려는 의지, 틀에서 벗어난 사고는 개인화에 뛰어드는 모든 기업이 반드시 갖춰야 하는 요소다. 만약 당신이 개인화할 필요가 있는지 알고 싶다면 다음의 질문에 답해보라.

- 단순히 상품과 서비스를 판매하기보다 회사가 고객의 니즈를 얼마나 잘 해결하는가?

- 회사의 제품과 서비스가 얼마나 개인화돼 있는가?
- 회사가 제공하는 개인화 상품과 서비스가 얼마나 저렴한가?

당신의 회사가 이런 일들을 얼마나 잘하고 있는지가 새로운 세대에게 판매할 준비가 얼마나 잘돼 있는지를 알려준다. 밀레니얼 세대와 Z세대가 주요 소비층으로 떠오르면(향후 5년에서 10년 이내에 일어날 일이다) 좋든 싫든 모든 기업이 새로운 세상에서 새로운 규칙에 따라 운영하게 될 것이다. 그 규칙 중 하나는 개인화가 될 것이다. 당신의 회사는 개인화할 방법을 터득하거나 사라지거나, 이 두 가지 중 하나의 운명을 맞게 될 것이다.

개인화는 모든 기업의 가장 큰 기회다

개인화는 전 세계 고객 수요에 혁명을 일으키고 있다. 한때 사치품의 최대 시장이었던 일본에서조차 명품 제조 회사의 판매량이 10퍼센트에서 30퍼센트 감소했다. 중국, 인도, 아시아 태평양 지역 국가에서 현지 브랜드가 다국적 브랜드를 이기고 있다. 신흥 시장 고객은 서구시장 고객의 니즈가 아닌 자신들의 니즈를 충족하는 제품을 찾고 있다. 중국에서 아마존이 고전한 사례를 보자. 아마존의 2016년 전체 온라인 소매 시장점유율은

2011년의 2.1퍼센트보다 감소한 1.3퍼센트였다. 반면, 중국 전자 상거래 대기업 알리바바와 제이디닷컴JD.com은 계속해서 상당한 시장점유율을 확보하고 있었다(그림 15 참조).2

그렇다면 미국 소매업 전반에 변화를 가져온 아마존이 중국에서 기를 펴지 못하는 이유는 무엇일까? 원인은 서구 기업의 임원 대부분이 구실로 삼는 국수주의가 아니다. 아마존의 글로벌 서비스가 중국 소비자에게 매력적으로 다가오지 않았던 것이 원인이다. 무료 배송이 제공되는 경우도 모든 회원제 서비스가 중국에서는 인기를 끌지 못했다. 이는 중국의 모든 세대에게 마찬가지였다.

전 세계의 밀레니얼 세대는 소비 지상주의를 거부한다. 일부 베

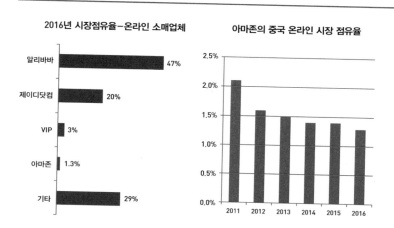

그림 15 | 아마존의 중국 온라인 시장 점유율. 출처: 유로모니터. 그래프, 리자 린. 로라 스티븐스, '아마존이 중국에서 전성기(Prime Time)를 누릴 준비가 안 된 이유'. 〈월스트리트저널〉. 2017년 8월 27일. https://goo.gl/DKnQHk.

이비 붐 세대도 은퇴하거나 소비를 줄이면서 소비 지상주의에서 회심하고 있다. 밀레니얼 세대는 영화표에 20달러를 쓰거나 큰 집을 고치는 데 수십만 달러를 쓰거나 컨트리클럽에서 골프를 치고 싶어 하지 않는다.[3] 많은 밀레니얼 세대는 자동차 없이 생활할 수 있다면 자동차를 원하지 않고(차라리 걸을 수 있는 거리에 살거나 승차 공유를 한다), 값비싼 보석도 좋아하지 않는다. 밀레니얼 세대는 단순한 삶 또는 미니멀리즘을 추구한다. 밀레니얼 세대의 가치가 베이비 붐 세대에게 영향을 주고 있다. 일부 은퇴자들은 눈을 낮춰 작은 집으로 이사하고 있다. 세대를 불문하고 너무 많은 물건과 불어나는 부채에 지친 많은 이들이 우리의 소비가 경제 사정뿐 아니라 지구에 얼마나 큰 영향을 끼치는지 깨닫고 있다. 많은 사람이 종이 냅킨과 플라스틱 빨대, 심지어 쓰레기 매립지에 쌓이는 옷까지 거부하고 있다. 그 결과로 버버리Burberry나 H&M 같은 일부 회사는 수십 톤의 미판매 의류를 소각한다.[4]

비록 밀레니얼 세대와 Z세대 같은 새로운 소비 세대는 낭비를 절제하고 위험을 피하며 불필요한 소비를 덜 하지만, 그들도 돈을 쓴다. 그들은 또한 자신이 좋아하는 개인화된 서비스에도 돈을 쓴다. 일부는 고급 요리를 배달해 먹거나 개인 집사(비정규 고용) 또는 개인 요리사를 고용하기도 한다.

시장에서 살아남고 이윤을 얻기 위해 노력하는 기업은 이러한 트렌드에 따라 저렴한 개인화 서비스를 제공함으로써 고객과의 관계에 새로운 바람을 일으킬 수 있다. '고객 맞춤화'에 프리미엄 가격을 요구하는 것, 더 나쁜 경우에는 프리미엄 서비스로 한몫 챙기려는 시도는 통하지 않는다. 대중에게 저렴한 가격의 개인화 서비스를 제공할 방법을 찾는 것만이 답이다. 또 저렴한 개인화가 선택받은 소수를 위한 프리미엄 서비스보다 더 많은 매출과 이윤을 가져다줄 것이다. 개인화에 대한 수요는 전 세계적으로 증가하는 가운데 개인화를 저렴하게 만드는 것이 앞으로 추구해야 할 방향이다.

새로운 세대가 원하는
개인화는 무엇인가

개인화 트렌드는 웹 사이트와 함께 시작됐다. 검색 사이트를 이용하는 고객들이 관련 없는 정보에 불만을 토로하자, 기술 회사들은 관련 있는 정보만 나타나게 할 방법을 알아냈다. 온라인 쇼핑 사이트는 이를 한 단계 더 발전시켜 고객의 구매 이력에 따라 새로운 제품을 추천했다. 그러나 지금도 그렇지만 초기 시도는 어설프고 번거로웠다. 어느 누가 노트북을 산 직후 새 노트북 광고를 보고 싶을까?

화장품 브랜드 세포라Sephora는 고객 데이터를 활용하는 참신한 방법을 찾았다. 세포라는 고객의 피부 톤에 따라 제품을 추천하기 시작했다. 과거에는 여성들이 시행착오를 통해 자기 피부에 맞는 화장품을 찾는 경우가 많았다. 세포라만 유일하게 110개의 색조를 구비하고 있었지만 딱 맞는 색조를 찾으려면 판매 사원과 고객이 많은 시간과 노력을 들여야 했다. 그래도 세포라 고객은 프로필을 입력할 수 있었고, 세포라는 그 데이터로 고객 개인에 맞는 제품을 쉽게 매치할 수 있었다. 고객은 맞춤형 제품 추천을 좋아했다. 다른 화장품 소매 기업의 매출이 감소한 반면, 세포라의 매출은 계속 증가하고 있다.

다른 회사들은 옷, 가구 및 다른 상품을 추천할 방법을 찾고 있다. 예를 들어, 스티치픽스Stitch Fix와 노드스트롬트렁크Nordstrom Trunk는 옷을 추천해주는 온라인 개인 비서와 고객의 취향과 스타일에 맞는 옷을 상자에 담아 보내주는 서비스를 제공한다. 고객은 다양한 스타일을 비교하는 대화형 질문지를 작성하기만 하면 된다. 설문 응답지를 바탕으로 회사는 고객이 무엇을 좋아하는지 파악한다.

기업이 제품을 개인화하는 또 다른 방법은 포장과 제품 라벨을 재치 있게 만드는 것이다. 영국에서의 창립 50주년을 기념하기 위해 하인즈Heinz(영국에서는 하인즈 콩 제품의 인기가 높다)는 고객에게 콩 제품 캔에 자기 이름을 넣을 수 있는 옵션을 줬다. 이와 비슷하게, 운동화 회사인 나이키와 아디다스는 부분적인 맞춤형 제작을 통해 고객이 운동화의 색, 종류, 로고 크기를 직접 고를 수 있게 했다.

그러나 이러한 노력은 새로운 세대가 원하는 개인화의 근처에도 가지 못했다. 기존 제품이나 서비스를 고객 데이터와 개인 취향에 따라 추천하는 것은 개인화가 아니다. 개인화란 한 개인이 원하는 세상에 하나뿐인 제품이나 서비스를 만드는 것이다. 진정한 의미의 개인화는 운동화 색을 고르는 것이 아니라 고객 한 사람에게 맞는 운동화를 만드는 것이다. 개인 맞춤형 운동화는 고객의 발 치수, 발등 높이, 심지어는 걷고 뛰는 자세에 맞춰 정밀하게 제작된다. 즉, 우리가 진정한 개인화에 근접하려면 아직 멀었다.

이제 명품도 개인화다

시장의 여러 변화에 잘 적응해온 명품 회사들, 심지어 소수의 고객에게 개인화 제품을 제공하는 명품 회사도 새로운 시대에 살아남기 위해 고군분투하고 있다. 신규 고객 유입 감소가 장기화되자 명품업계의 매출이 꾸준히 하락하고 있다. 밀레니얼 세대는 명품을 사지 않는다. 기본적으로 명품 브랜드가 내세우는 고급스러움이 밀레니얼 세대, Z세대, 그리고 일부 베이비 붐 세대에게 와닿지 않는다. 대신 이들 고객층은 더 개인화되고 저렴한 사치품을 선호한다. 우버와 에어비앤비Airbnb가 새로운 명품 산업 주자다. 그들은 밀레니얼 세대에게 기사 딸린 자동차나 고객이 원하는 위치에 있는 아파트와 별장을 언제든지 저렴한 가격에 제공했다.

기존의 명품 회사는 트렌드에 적응하는 데 어려움을 겪고 있다. 당분간 명품 사업의 매출 증가는 가격 인상의 결과일 뿐 판매량 증가에 따른 것은 아닐 것이다. 부유층조차 터무니없이 높은 가격을 지불하기 주저하는 시대에 명품 회사는 밀레니얼 세대에 다가가야 한다. 그러나 명품 회사는 속수무책이다. 그들은 온라인 판매를 꺼린다. 그들의 낡은 광고 방식은 밀레니얼 세대에게 통하지 않는다. 밀레니얼 세대는 신분의 상징인 명품을 부유층의 무절제함으로 여긴다.[5] 유명인의 명품 사랑도 밀레니얼 세대에게는 영향을 주지 못한다.

명품 주얼리 브랜드 티파니Tiffany의 사례를 보자. 티파니는 혹독한 2016년 연말 판매 시즌을 보냈고, CEO와 임원 대다수가 회사를 떠났다. 판매 하락세는 2014년 중반에 시작돼 2017년까지 계속됐다. 티파니의 미국 연간 성장률은 2014년 6퍼센트에서 2017년 2퍼센트로 하락한 한편, 미국 전체 명품 시장 판매는 8퍼센트에서 마이너스 1퍼센트로 하락했다(그림 16 참조).

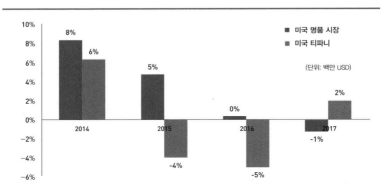

그림 16 | 전년 대비 명품 판매 증가율, 피타니 vs. 미국 명품 시장. 출처: '2013~2018 미국 명품의 시장 가치', 스테티스티카, https://goo.gl/xoeAWQ; '티파니앤코: 매출과 판매-미국', 이마케터 리테일, https://goo.gl/6rf4YL.

티파니만 매출이 하락한 것은 아니다. 다른 명품 회사도 난관에 봉착했다. 니먼마커스Neiman Marcus, 삭스피프스애비뉴Saks Fifth Avenue, 노드스트롬은 중국을 제외한 모든 시장에서 판매량이 계속 감소하고 있다. 최대 명품 브랜드인 루이비통모에헤네시LVMH도 판매에 우려 섞인 전망을 하고 있다.

파괴적 혁신 기업은 '명품' 하면 연상되는 품질, 스타일, 예술적 감각, 디자인을 저렴한 가격대로 제공한다. 명품 회사는 저렴한 개인화를 추구할 때 성공할 확률이 더 높다.

기업들이 점점 개인화된 상품과 서비스를 제공한다

기업이 개인화를 제공하려고 할 때 맞닥뜨리는 가장 큰 난관은 복잡성과 비용이다. 산업혁명 이전에 모든 상품은 맞춤형이었다. 무언가가 필요하면 직접 만들거나 만들 사람을 고용했다. 제작하는 데 비용이 많이 드는 것들이 대부분이어서 부유층만 물건을 제작할 수 있었다. 예를 들어, 중세에는 귀족의 술잔이나 여인의 드레스가 중인 계층의 농장 가격과 맞먹었다. 사람들 대부분이 물건을 많이 소유하지 못했다.

헨리 포드가 대중을 위한 자동차를 생산했듯이 산업혁명 이후 기업은 더 많은 사람이 구매할 수 있도록 상품을 표준화하고 대량으로 생산하기 시작했다. 그러나 대중에게는 선택권이 없었다.

헨리 포드의 말대로 "차가 검은색이기만 하면" 고객이 원하는 색으로 칠하면 됐다. 선택권이 없다는 조건이 붙지만 실제 자신의 차를 갖는 것이다. 검은색 대신 빨간색을, 또는 문 두 개 대신 문 네 개를 선택하기 위해 돈을 조금 더 내는 옵션이 없었다. 변형이 가능한 생산공정이 아니었다. 생산공정은 규모의 경제와 '클수록 좋다'의 원칙 아래 설계됐다.

이것이 기본적으로 여전히 많은 상품이 제조되는 방식이다. 그러나 시간이 지나면서 기업은 고객에게 부분적인 선택권을 주기 시작한다. 이제 고객은 자동차의 색상과 크기를 고를 수 있다. 그러나 극히 소수의 부유층만이 맞춤 제작된 자동차를 살 수 있다. 일반 고객은 시장에 있는 것 중에서 골라야 한다. 기업은 여전히 큰 공장을 가동해 비용을 낮추려고 한다. 세계화로 인해 생산의 중앙 집권화가 심화되고, 대형 공장에서 전 세계 고객을 위한 물건이 만들어진다. 직원 45만 명이 반복 작업을 하는 애플의 중국 내 초대형 공장이 그 예다.

개인화는 이런 공장에 다가올 재앙이다. 대형 공장은 대량생산에 최적화돼 있고 단일 품목에 변화를 주기 힘들다. 생산단계 외에도 개인화된 신규 상품을 관리하고 홍보하고 보관하고 유통하는 비용과 복잡성이 증가한다. 이 모든 어려움 말고도 누군가가 만들어진 상품을 개인화하는 작업을 해야 한다. 의류를 맞춤 제작하려면 맞춤 비용이 옷의 제작 비용과 맞먹는다. 현지에서 재단사를 고용해야 하기 때문이다. 게다가 재단사 고용 비용은 다른 나라에서 옷을 만드는 사람을 고용하는 비용보다 비싸다.

점점 더 많은 연구를 통해 개인화를 하지 않더라도 판매량과 이윤의 상관관계가 줄어들고 있음이 밝혀졌다. 실제로 자동차업계를 비롯한 일부 업계의 판매량은 이윤 증가의 걸림돌이다. 공장을 계속 가동하려면 대량으로 생산해야 하는데, 고객 수요의 변동으로 제품을 할인하거나 생산 비용을 손해 보는 수밖에 없기 때문이다. 스바루Subaru, 그레이트월Great Wall(중국), 마루티스즈키Maruti Suzuki(인도), BMW, 다임러/메르세데스Daimler/Mercedes의 세계 5개 자동차 제조사만 2012년부터 2017년 사이 자본비용을 상회하는 수익(최소 투자자 수익)을 올렸다.[6] 표 2에서 보듯, 수익을 본 기업은 중소기업이다. 대기업은 더 이상 자동차업계의 강자가 아니다.

스바루가 자본비용을 상회하는 수익을 달성할 수 있었던 비결은 차별화된 고객 세그먼트를 대상으로 차별화된 자동차를 만들고, 또 그것을 훌륭하게 해냈기 때문이다. 먼저 스바루는 성능 좋은 오프로드 차량을 찾는 고객에 집중한 다음, 다른 고객 세그먼트를 대상으로 제품군을 확대했다.[7] 이 전략 덕분에 할인을 거의 하지 않는 스바루자동차를 정가로 구매할 의향이 있는 충성 고객이 생겼다. 그 결과, 스바루는 도요타 매출의 4분의 1에 해당하는 작은 기업이었지만 이익률은 도요타의 2배에 달했다.

스바루의 작은 규모가 효과적이었다. 요시나가 야스유키Yoshinaga Yasuyuki 스바루 CEO는 2017년 5월 다음과 같이 말했다. "우리는

표 2 | **자동차 산업의 규모와 수익성**

회사 규모	손실	자본비용 이하 수익	자본비용 상회 수익
대형 (연간 400만 대 이상)		폭스바겐 도요타 제너럴모터스 르노-닛산 현대-기아 포드 상하이자동차SAIC 피아트-크라이슬러	
중형 (연간 200만~400만 대)	푸조 충칭자동차 장안자동차	혼다 둥펑자동차 스즈키 북경자동차그룹	다임러 BMW
소형 (연간 200만 대 미만)	GAC 테슬라	마쓰다 타타자동차 미쓰비시	마루티스즈키 그레이트월 스바루

참고: 2012~2017 연간 평균 가중 평균 자본비용/투하 자본 수익률(WACC/ROIC) 비율 대비 수익 예상치.
출처: 개드플라이 캘큘레이션스, 그래프, 데이비드 피클링, '크기가 전부가 아니다, 대형 자동차 제조사', 〈블룸버그〉, 2017년 8월 1일, https://goo.gl/vZqnFG.

100만 대만 생산합니다. 저는 200만 대를 생산할 의사가 전혀 없습니다."[8] 스바루가 소규모를 유지하면서 이익을 달성하는 것은 오래된 전략 '클수록 좋다'가 더는 효과 없다는 사실을 보여준다. 그러나 다른 자동차업계는 여전히 반대로 생각하는 것 같다.

작은 회사가 고객의 니즈에 더 잘 부합하는 틈새 상품으로 대기업을 앞지르기 시작하면서 소비재, 첨단산업을 비롯한 다른 산업에서도 '규모'라는 개념에 의문이 제기되고 있다. 점점 더 많은 기업이 개인화된 상품과 서비스를 제공하면서 이런 추세는 더욱 두드러질 전망이다.

저렴한 개인화를 실행하라

개인화를 저렴하게 만들 방법을 찾는 기업은 누구나 제2의 아마존이 될 수 있다. 다음의 세 가지를 실행한다면 가능하다.

- 첫째, 제공물을 다시 생각하라. 제공물을 상품과 서비스로 생각하는 대신 고객의 니즈를 해결할 솔루션으로 생각하라. 고객은 솔루션에 대가를 지불할 것이다.
- 둘째, 분산 제조로 전환하고, 현지 공급업체를 참여시킴으로써 운영을 개혁하라.
- 마지막으로, 폐기물을 줄여라.

기업이 틀에서 벗어난 사고를 하고 기존의 사업 방식에 도전할 때만 이 모든 것이 가능하다. 모든 회사에 적용되는 단 하나의 해법은 없다. 각 회사와 업계가 극복해야 할 과제와 유리한 입지가 모두 다르다. 저렴한 개인화를 실행하는 데 있어 공통으로 적용되는 것은 다시 시작하려는 의지다. 오래된 이론과 전통, 이전에 성공했던 방법을 버리고 열린 마음으로 새로운 방법을 수용할 준비가 된 리더가 쇄신과 성장을 할 준비가 가장 잘된 리더다.

1단계:
제공물을 다시 생각하라

업계 대부분이 자신들의 제공물을 상품과 서비스같이 눈에 보이는 것으로 여긴다. 기업은 다양한 상품을 만들고 고객의 니즈를 상품에 끼워 맞추려고 한다. 의류업계와 의류 브랜드의 사례를 보자. 그들은 모두 몇 가지 사이즈와 체형(핏)으로만 바지, 셔츠, 정장 및 다른 의류를 만든다. 고객은 원단과 재단에 조금씩 변형을 더한 똑같은 셔츠를 랄프로렌Ralph Lauren, 캘빈클라인Calvin Klein, 휴고보스Hugo Boss, 마이클코어스Michael Kors, 바나나리퍼블릭Banana Republic 및 다른 브랜드에서도 구할 수 있다. 대부분의 브랜드가 목둘레와 체형을 기준으로 셔츠를 판매한다. 어떤 브랜드를 고르느냐에 따라 고객은 20달러에서 200달러 사이의 가격을 예상한다. 이런 브랜드는 당신이 더 멋져 보이는 이유가 브랜드 덕이라고 생각하기를 바라지만, 사실은 원단과 핏이 얼마나 잘 맞는지가 중요하다. 그것이 바로 재단이 다시 유행하는 이유다.

의류 회사가 접근 방식을 바꿔 고객 한 사람에게 딱 맞는 맞춤복을(다양한 원단과 피팅을 제공하고) 판다면 어떨까? 사람들은 맞춤복을 좋아할 것이다. 맞춤복을 입으면 훨씬 맵시가 나기 때문이다. 게다가 온라인에서 구매해도 몸에 잘 맞을 것이다. 지금 말하는 것은 현재 의류업계가 제공하는 이상의 것, 한 사람만을 위한 맞춤복을 의미하는 것이다. 뉴욕에서 맞춤 정장 가격은 원단과 시즌에 따라 수

천 달러에 달한다. 연말에는 재단사들이 바빠져서 보수를 올려줘야 한다. 새해 첫날이 지나면 맞춤 정장 가격은 내려간다. 맞춤 정장에 돈을 쓰고 싶지 않은 사람은 정장을 사서 수선하면 된다. 맞춤복만큼 잘 맞지는 않지만, 수선이 더 저렴하다.

현재 시장에 없는 것은 저렴한 100퍼센트 맞춤 정장이다. 대도시 재단사를 고용하려면 비용이 많이 든다. 그들의 생활비나 비용만이 문제가 아니라 재단사 수가 적기 때문이다. 과거에 홍콩 소재의 의류 회사는 미국 고객의 정장을 저렴한 가격에 재단해서 우편으로 배송했다. 그러나 홍콩의 젊은이들이 재단보다 다른 직업을 선호하는 까닭에 재단사의 공급은 부족하고 재단 가격은 올랐다.[9]

현재 어수트댓피츠A Suit That Fits라는 회사가 가격이 저렴한 맞춤 정장의 개념을 다시 들고 나왔다. 고객은 원단 선택을 도와줄 현지의 스타일 어드바이저를 방문한다. 스타일 어드바이저는 고객의 치수를 재고, 인도 등의 개발도상국에서 정장을 제작한 뒤 최종 가봉은 현지에서 한다. 고객은 몇 주만 기다리면 된다. 일반적으로 뉴욕의 재단사에게 맡길 때보다 기다리는 시간이 짧다. 가격은 뉴욕에서 만든 맞춤 정장의 4분의 1이고, 이는 고급 정장 수선 비용의 절반 정도다.

비용이 그 정도로 차이 나는 이유는 무엇일까? 회사는 원단을 대량으로 구매하고, 저렴한 노동력을 이용하고, 완성품을 폐기하지 않는다. 공장에서 만드는 옷들은 폭탄 세일을 한 뒤에도 팔리지 않으면 결국 쓰레기 매립지로 보내진다. 이는 상당한 비용을 초래한다. 맞춤 정장은 완성된 옷이 버려질 일이 없다. 회사는 여기서 절약한 비용을 고객에게 쓸 수 있다. 자연히 어수트댓피츠에 대한 호응은 뜨겁다. 회사는 이미 영국, 아일랜드, 미국에 34개 스튜디오를 열고 빠르게 성장하고 있다.

고객이 조금만 더 비용을 지불하고 회사가 틀에서 벗어난 사고를 할 의지가 있다면, 다른 많은 의류 회사도 비슷한 방식으로 성공할 수 있다. 이미 시도 중인 회사도 있다. 제이힐번은 맞춤 셔츠, 바지, 액세서리를 판매한다. 제이힐번 제품은 품질이 뛰어나고 다른 셔츠보다 오래 입을 수 있다. 일반적인 정장 셔츠 가격은 100달러에서 200달러 선이고 정장 바지 가격은 200달러에서 600달러 사이이며, 원단 선택은 제한적이다. 이 가격대로 대중에게 어필하는 데는 한계가 있다. 그러나 회사가 비용을 50퍼센트 이상 줄일 수 있다면 의류업 전반을 완전히 바꿔놓을 수 있다.

한편 엠테일러는 앱으로 고객의 치수를 재고 더 합리적인 가격에 맞춤복을 제공한다. 엠테일러는 자사의 치수가 다른 전문 재단사의 치수보다 20퍼센트 더 잘 맞는다고 주장한다. 그러나 고객은 구매하기 전에 원단을 선택할 수 없다. 고객은 회사가 적절한 선택을 한다고 믿어야 한다.

의류 회사는 맞춤 재단을 다양한 방식으로 제공할 수 있다. 고객은 지역의 스타일 어드바이저를 방문해 (비용을 지불하고) 치수를 재거나, 스마트폰으로 직접 치수를 잴 수 있다. 회사는 고객이 직접 원단을 고르게 하고 고객과 가까운 곳으로 모든 재료를 보내 제작하거나, 해외에서 제작할 수도 있다. 고객은 출고 방식도 유연하게 선택할 수 있다. 가까운 곳에서 제작된 옷은 비용이 더 비쌀 수 있지만 더 일찍 도착한다. 또는 아마존의 프라임 서비스처럼 고객이 연간 배송비를 지불할 수도 있다. 필요한 경우, 최종 가봉은 가까운 지역에서 수수료를 내고 받을 수 있다. 업체는 고객의 치수를 저장하고 시즌 프로모션을 제공할 수 있다.

개인화는 다른 산업에서도 저렴한 가격에 실현될 수 있다. 승차 공유 기업은 이미 불완전고용과 운행하지 않는 자동차를 자원으로 활용해 개인화 서비스를 제공하고 있다. 기사는 자동차를 구매할 만큼 수입이 충분하지 않다. 그래서 우버와 다른 업체는 기사를 대체할 자율 주행차 도입을 적극적으로 추진하고 있다. 자율 주행차가 승차 공유 서비스보다 고객에게 주는 혜택이 무엇인지는 확실치 않다. 자율 주행차 도입으로 고객이 부담하는 비용이 줄어든다는 개념이지만, 자율 주행차 비용은 기사가 운전하는 차와 비슷할 것이다. 자율 주행차는 대도시처럼 교통량이 많은 곳에서만 효과가 클 것이다. 교통량이 적은 교외 지역에서 자율 주행차는 회사와 고객에게 높은 비용 또는 더 길어진 승차 대기시간을 의미한다. 이런 서비스가 비아Via처럼 부상하는 솔루션과 기존 서비스보다 고객에게 더 호응을 얻을 수 있을지 판단하기는 아직 이르다.

그러나 자동차업계가 틀에 박힌 사고에서 벗어난다면 어떨까? 통근자들은 교통체증 때문에 자동차 안에서 많은 시간을 보낸다. 플라잉 택시가 당신을 회사까지 데려다주면 어떨? (가솔린엔진보다

가벼운) 전기 엔진을 장착한 드론과 자율 비행이 플라잉 택시를 더 저렴하게 만들 수 있다.

1장에서 언급했듯이, 보잉, 에어버스를 비롯한 많은 기업이 플라잉 택시 콘셉트를 실험 중이다. 당신은 더 빠른 출퇴근을 위해 돈을 조금 더 쓸 의향이 있는가? 그게 가능하다면 통근 시간이 더 길었을 때 생각하지 못한 옵션인 집값이 덜 비싼 교외 지역에 살 수 있다. 많은 고객이 이런 종류의 교환가치와 시간 절약이라는 옵션을 환영할 것이다.

개인화를 실현하려면 기업은 관점을 바꿔야 한다. 그들은 회사의 제품이 아닌 고객의 니즈에서 시작함으로써 무엇을 제공할지와 어떻게 제공할지를 생각해야 한다. 예를 들어, 자동차 회사 대부분이 자신들을 자동차 제조사로 생각한다. 그들이 관점을 바꿔 스스로 교통 서비스 제공자라고 생각하기 시작한다면, 고객의 마음을 끄는 개인화된 대안을 찾을 가능성이 더 크다.

개인화가 가능하려면 모든 산업에서 이와 같은 사고방식의 변화가 일어나야 한다. 예를 들어, 제약 회사는 자신들을 약을 만드는 회사라고 생각한다. 만약 제약 회사가 스스로 고객의 삶의 질과 건강을 끌어올리는 회사라고 생각한다면 개인화를 통해 더 큰 성공을 거둘 수 있다.

2단계:
유연하게 운영하라

　　　　　　개인화가 가능하려면 개별 상품을 비용 효과적으로 제조하고 유통하는 운영 체계가 필요하다. 기업 운영이 유연해야 한다. 물론 가능 여부는 기업의 손에 달렸으나 다음과 같이 저렴한 개인화를 위해 유연하게 운영하는 몇 가지 방법이 있다.

중앙 집중형 제조에서 분산형 제조로 전환한다. 개인화를 가로막는 가장 큰 장벽은 운영에 대한 기업의 관점이다. 제조 공장 대부분은 몇 가지 종류의 상품을 대량생산하도록 설계됐다. 제조 공장은 단순 작업을 하는 비숙련 노동자를 고용하고 막대한 자본 투자에 의존한다. 제조 공장은 유연성 대신 생산량과 저렴한 단위당 제조 비용을 택한다.

이러한 거래는 개인화에 적합하지 않다. 개인화하려면 다양한 변형이 가능하도록 더 유연한 제조 방식이 필요하다. 회사는 제품의 다양성을 위해 생산량을 줄여야 한다.

이것이 의류 산업에 어떠한 영향을 끼쳤는지 살펴보자. 비숙련 인력을 고용해 대량으로 생산하는 대형 의류 공장은 의류를 개인화할 수 없다. 의류를 개인화하려면 주문에 따라 재단하고 맞춤 제작할 재단사가 필요하다. 따라서 개인화를 위해 기업은 더 숙련된 노동자를 고용해야 한다. 기업은 또한 공정을 최적화해야 한다. 어떤 의류 회사는 남성 정장만 생산하고(이 경우 더 무거운 재료와 전용 재단 도구가 필요하다), 다른 어떤 회사는 셔츠 생산에만 주력할 수 있다. 즉, 생산을 완전히 다른 관점에서 접근하는 '분산 제조'가 필요하다.

분산 제조 환경에서 소규모 생산 시설은 수요에 신속하고 창의적으로 대응한다. 소규모 생산 시설은 운영이 유연하고 맞춤형 상품을 생산할 수 있는 전문성이 있다. 이는 대부분의 경우 기업이 더 숙련된 인력을 고용하고 훈련해야 한다는 뜻이다. 기업은 현지에서 공급업체와 인재를 기용해 전문성을 강화하고 비용을 절감할 수 있다. 현지 공급업체와 인재를 통해 지역 여건에 대한 많은 정보를 얻고, 물품 구매와 시설 보수 면에서 비용을 절감할 수도 있을 것이다.

일부 산업에서 새로운 기술이 개인화라는 기회와 가능성을 열어 줄 수 있다. 예를 들어, 3D 프린팅은 기업이 인공 팔을 만드는 방식을 바꾸고 있다. 3D 프린팅을 분산 제조의 한 형태로 생각할 수 있다. 병원과 의원은 의료 기기 회사에서 인공 팔을 구매하는 대신, 환자를 위해 현지에서 인공 팔을 3D 프린팅할 수 있다. 다른 산업에서는 프로그래밍 기계와 로봇이 맞춤형 상품과 서비스를 제공할 수 있다.

대량 채택을 위해 기술을 저렴하게 만드는 것이 관건이다. 그러나 누구도 기술에 지나치게 의지해서는 안 된다. 노동력을 이용하는 것이 더 저렴할 수도 있다. 기술과 달리 노동력은 전 세계 어디에나 풍부하고 가격대도 다양하다. 다만, 우리는 여전히 개인화 혁명의 초기 단계에 있다. 기술이냐 노동력이냐 하는 선택이 그렇게 분명하지 않을 수도 있다. 또 지금은 상상하기 힘든 로봇이나 다른 기술이 미래에는 인간을 돕는 저렴한 수단이 될 수도 있다.

수요의 종류에 따라 다른 공급망을 형성하라. 개인화에는 유연한 공급망도 필요하다. 기업 대부분은 모든 고객에 대응하기 위한 단일 공급망을 보유하고 있다. 천편일률적인 방식이 성장을 가로막는다. 공급망은 복잡성으로 인해 정체된다. 유연성을 확보하려면 기업은 반드시 다양한 수요 패턴에 개별적으로 대응하는 공급망을 갖춰야 한다. 기업에는 전문 분야가 있는 공급업체가 필요하다. 예를 들어, 합성 의류 공급업체는 면 의류 공급업체와 전문성이 다를 것이다. 기업이 고객 수요를 분석할 때에만 개인화된 제공물을 지원하는 최적의 공급 기반을 어떻게 구성할지 파악할 수 있다.

중요한 문제는 수요 패턴에 따라 공급망을 어디에서 분리할 것인가다. 공급업체, 제조 시설, 유통센터 중 어느 곳에서 분리할 것인가? 대부분 공급망 분리는 맞춤 제작이 어디에서 이루어지는지에 달려 있다. 의류 산업의 경우 맞춤 제작이 제조 공장에서 이루어지면 공급망은 제조 단계에서 분리돼야 한다. 그러나 원단이 맞춤 제작된다면 공급망은 공급망 말단의 공급업체에서 분리돼야 한다. 공급망을 개별적으로 관리하면 비용과 노력이 증가한다. 따라서 설계에 신중을 기해야 한다.

리드 타임(출고 소요 시간)을 줄인다. 개인화 제품에 대한 고객의 두 번째 불만은 제품이 도착하기까지 너무 오래 걸린다는 것이다. 고객은 개인화 제품을 좋아하지만 제품을 오래 기다리지는 않는다. 공급망 네트워크의 설계를 개선해 공급업체와의 관계의 중심을 비용에서 유연성으로 옮기고, 거래 절차를 간소화하고, 파트너 업체와 정보 공유를 강화하는 것이 제품이 시장에 출고되기까지 걸리는 시간을 줄여준다는 사실이 입증됐다.

대다수 기업이 공급망 설계를 정기적으로 검토하지 않는다. 이는 개인화에 적합하지 않다. 수요 변화에 잘 대응하려면 반드시 몇 년마다 공급망 설계를 점검해야 한다. 또 기업은 공급망 설계 검토 시 제조 공장이나 창고를 열거나 닫는 것을 고려해야 한다.

공급업체는 제품을 시장에 제때 공급하는 데 있어 중요한 역할을 한다. 현재 대부분의 공급업체 계약은 비용에 지나치게 치중하고 유연성을 요구하지 않는다. 공급업체 계약에는 신제품 공급을 확대하는 동시에 최대 수요를 처리하는 역량, 제품을 신속하게 대체하는 능력, 그리고 다른 여러 조항을 포함해야 한다. 기업이 상품과 서비스를 고객에게 출고하기까지 도움을 주는 물류업체, 하청 제조사, 다른 파트너들과도 비슷한 조건이 명시돼야 한다.

대표적으로 구매 요청서 제출, 송장 승인, 공급업체 지불이 거래 절차에 포함된다. 많은 기업 내에서 리스크를 줄이기 위해 여러 단계의 승인을 거쳐야 해서 거래 절차가 과도한 행정 절차로 변질되고 있다. 어떤 경우에는 구매 요청서를 받는 데 걸리는 시간이 공급업체가 물건을 납품하는 데 걸리는 시간과 맞먹는다. 신속한 대응을 위해 기업은 반드시 공정을 단순화해야 한다. 동시에 리스크에 대한 타협도 없어야 한다. 기술이 도움이 될 수 있다. 합의된 가격을 표시한 카탈로그와 예외를 표시하는 알고리즘으로 거래 절차를 크게 간소화할 수 있다.

공급업체와의 정보 공유는 많은 업계에서 계속 과제로 남아 있다. 기업은 수요와 공급에 대한 최신 정보를 얻기 위해 전사적 자원 관리 시스템에 막대하게 투자한다. 그러나 여전히 많은 기업이 공급업체와 구매 정보 및 거래 정보를 공유하기 위해 이메일을 사용한다. 누군가가 이메일에 있는 정보를 소프트웨어에 입력해야 하므로 그 과정에서 실수가 발생할 뿐 아니라 지연되는 시간도 크게 증가한다. 더 좋은 접근법은 네트워크 해킹 방지 조치를 충분히 취한 상태에서 공급업체와 정보시스템을 연결하는 것이다. 이러한 제안에 대해 많은 기업이 공급업체를 시스템과 연결하는 비용이 너무 비싸다는 핑계를 댄다. 그러나 그것은 단지 핑계일 뿐이다. 공급업체를 시스템과 연결하는 비용은 최근 몇 년 사이 크게 감소했다. 게다가 장점이 비용을 훨씬 뛰어넘는다.

3단계:
원자재 낭비를 줄여라

모든 주문이 다르고 고객의 구체적인 요구에 맞춰 만들어야 하기 때문에 원자재 낭비는 개인화 제조 분야의 심각한 고민거리다. 일부 산업에서는 상당한 양의 재료가 낭비될 수 있다. 예를 들어, 의류 산업에서는 같은 원단을 수천 벌의 옷에 사용하고 모든 조각 천까지 쓰는 대신 옷 하나를 큰 원단에서 잘라낸다면 원단을 낭비하게 된다. 따라서 전 공정에서 낭비를 줄이기 위해 운영을 효율적으로 설계하는 것이 무엇보다 중요하다. 예를 들어, 낭비의 최소화를 위해 현재 수요와 예상 수요를 바탕으로 원단 사용을 최적화하는 컴퓨터 프로그램을 개발할 수도 있다. 이런 계획 없이는 개인화 상품이 저렴해질 수 없다. 운영을 최적화하는 것이 경쟁 우위를 확보할 수 있는 수단 중 하나가 될 것이다.

저렴한 가격은 개인화에 필수다. 지속적으로 저렴한 가격을 실현하는 기업이 시장 우위를 점하게 될 것이다.

저렴한 개인화가
기업의 운명을 좌우한다

개인화는 대부분의 기업에 180도 변화

를 의미한다. 그들은 대량생산에만 최적화하고 개인화 유행이 지나가길 기다리는 편을 택한다. 그러나 새로운 세대는 개인화 추세를 영원한 현실로 만들었다. 당신은 게임에 참여하거나 집에 가거나 둘 중 하나를 택해야 한다.

우리는 세포라와 다른 기업이 개인화를 위해 초기에 기울인 노력을 안다. 그들은 고객의 개인 정보를 고객의 기호에 맞는 상품과 매치했다. 비스타프린트Vistaprint와 셔터플라이Shutterfly는 고객이 직접 다양한 레이아웃, 글씨체, 색상을 골라 자신만의 사진첩을 디자인하는 개인 사진 앨범을 제작한다. 이와 비슷하게 스퀘어스페이스 Squarespace는 고객 맞춤형 웹 사이트를 위해 견본 수백 개를 제공한다. 이런 서비스에는 그래픽디자이너가 청구하는 비용 일부만 발생한다. 고객이 개인 선호도를 공유할 의향이 있는 경우 점점 더 많은 소매업체가 퍼스널 스타일리스트 서비스를 제공하고 있다. 그러나 진정한 개인화는 아직 요원하다.

개인화에 수반되는 어려움은 주로 이런 서비스를 제공하기 위한 비용이다. 개인화를 실현하려면 기업이 사고방식을 바꿔야 한다. 기업은 상품과 서비스가 아닌 고객의 관점에서 생각하기 시작해야 한다. 저렴한 가격이 핵심이다. 이와 더불어 기업과 고객에게 돌아갈 혜택은 말 그대로 삶을 뒤흔드는 경험일 것이다.

의료 서비스 사례를 보자. 현재 미국에서는 부유층만이 의사의 방문을 받고 24시간 중 어느 때나 주치의 진료를 받을 수 있다. 부유층이 아닌 사람들은 병원이나 의사를 찾아가고, 대개는 기다려야 한다. 그러나 만약 당신이 미국보다 의료비가 저렴한 인도나 다른 나라에 있는 의사에게 영상으로 진료를 받을 수 있다면 어떨까? 돈과 시간 면에서 응급을 다투지 않는 의학적 질문을 하는 데 드는 비용이 획기적으로 저렴해질 수 있다. 채혈을 위해 임상병리과를 방문해야 하겠지만 그 밖의 부분은 스마트폰을 이용해 원격으로 모니터링할 수 있다. 그럼 응급 시에만 병원에 방문하면 된다. 오래된 모델을 최적화하는 대신 틀에서 벗어난 사고를 할 때에만 의료 서비스가 개인화되고 저렴해질 수 있다.

다른 산업에서는 이 문제가 고객에게 그렇게 중요하지 않을 수 있지만, 기업에는 틀에서 벗어난 사고를 하는 데서 오는 보상이 매우 크다. 또 모든 산업에서 저렴한 가격에 개인화된 상품과 서비스를 제공하지 않는 기업은 제공하는 기업에 밀려날 것이다. 밀레니얼 세대와 Z세대가 주요 구매층이 되면서 개인화 서비스에 대한 수요는 크게 증가할 것이다.

이는 기회이자 위협이다. 위협인 이유는 오늘날 우위를 점한 기업 중 어느 누구도 개인화에 확실히 투자하지 않고 구식 패러다임에 의존해 운영하기 때문이다. 그러나 기회인 이유는 누가 승자가 될지 아무도 모르기 때문이다. 승자가 누가 되건(업스타트 기업이건 기존 기업이건) 그들은 제2의 애플이나 아마존이 돼 오랫동안 우위를 점하게 될 것이다. 개인화 서비스는 매력적이다. 자신이 정확히 원하는 것, 자신만을 위한 서비스를 제공하는 회사를 찾기만 하면 고객은 계속 그 회사를 이용한다.

5장

고객은
기다리지
않는다

CUSTOMER-DRIVEN
DISRUPTION

우리는 즉각적인 만족의 시대를 살고 있다. 자동차를 사건 맞춤 정장을 사건 고객은 당장 원하는 물건을 손에 넣길 원한다. 고객이 원하는 것을 신속하게 제공하지 못하면 그들은 다른 곳에서 살 것이다. 일부 고객은 온라인상에서 단 몇 초를 기다리는 것도 버겁다고 느낀다.1 웹 사이트 페이지 로딩 속도가 너무 느리면 장바구니에 담은 물건을 두고 바로 경쟁 업체로 가버린다. 거의 모든 분야에서 구하기 쉽고 다양한 경쟁사 제품이 넘쳐 난다. 그러나 여전히 기업 리더는 제품을 개발하거나 출고할 때까지 브랜드 충성도로 고객을 충분히 기다리게 만들 수 있다고 생각한다. 그런 시절은 지나간 지 이미 오래다.

언더아머Under Armour의 사례를 보자. 언더아머는 운동량이 정말 많을 때도 운동선수의 땀을 말려주고 시원하게 해주는 합성섬유를 개발했다. 그러자 언더아머 운동복은 인기를 끌었다. 곧 운동을 하지 않는 사람들도 언더아머를 입기 시작했다. 나이키와 아디다스도 이 업스타트 기업의 경쟁 상대가 되지 못했다. 그러자 언더아머의 고객은 언더아머 제품의 기능은 그대로 유지되면서 패셔너블한 운동복을 원했다. 그러나 언더아머는 운동선수를 위한 옷을 만드는 데만 계속 집중했다. 언더아머는 커리Curry 운동화를 만들었다. 이 운동화는 농구에 적합하지만 패셔너블하지는 않았다. 커리 운동화는 인기가 없었다. 변화하는 시장에 적응하지 못한 언더아머의 매출과 수익은 곤두박질쳤다. 2011년부터 2017년 사이, 언더아머의 매출 증가율은 39퍼센트에서 3퍼센트로 하락했고, 순수익은 7퍼센트에서 마이너스 1퍼센트로 하락했다(그림 17 참조).

고객의 니즈를 무시한 회사가 언더아머만은 아니다. 많은 기업이

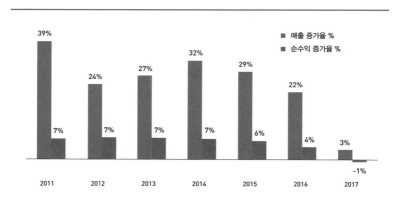

그림 17 | 언더아머 전년 대비 매출 및 순수익 증가율. 출처: '재무제표', 언더아머, https://goo.gl/qGJaFf.

과거에 통했던 방식을 고수한다. 어떤 기업은 변화가 유행일 뿐이라고 주장하며 지나가기를 기다린다. 또 어떤 기업은 상품과 서비스에 투자한 돈이 너무 많아서 기존 제공물을 포기하는 데 두려움을 느낀다. 또 다른 기업은 신제품을 개발할 비용을 정당화하기 어렵다고 생각한다.

한때 미국에서 가장 잘나갔던 기업의 사례를 보자. 2012년 코카콜라는 전 세계 시장을 점령했다. 그런데 사람들이 건강한 음료를 찾기 시작했다. 마이클 블룸버그Michael Bloomberg 뉴욕 시장은 비만율을 낮추기 위해 설탕이 많이 함유된 음료의 판매를 금지하고 16온스(약 454그램)가 넘는 음료 용기를 금지하는 시도를 하기도 했다. 코카콜라와 다른 음료 회사는 소송을 제기했고 법정 다툼에서 이겼다. 그러나 그들은 전쟁에서 패했다. 법정 소송을 통해 그동안 기업이 설탕과 비만의 상관관계에 관한 보도를 은폐한 사실이 드러났고, 그 결과 건강 음료가 이전보다 더 인기를 얻게 되었다.

2016년 1인당 코카콜라 소비량은 31년간 최저치를 기록했고, 경쟁사인 펩시코PepsiCo의 CEO 인드라 누이Indra Nooyi는 건강 음료와 스낵에 투자하기 시작했다. 2012년부터 2017년 사이에 코카콜라의 매출 증가율은 3퍼센트에서 마이너스 15퍼센트로 하락했고, 펩시코의 매출 증가율은 마이너스 2퍼센트에서 1퍼센트로 상승했다. 또 코카콜라의 순수익 증가율은 19퍼센트에서 3퍼센트로 감소한 반면, 펩시코의 순수익 증가율은 9퍼센트에서 8퍼센트로 소폭 감소했다(그림 18 참조).

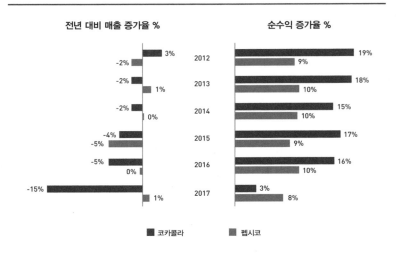

전년 대비 매출 증가율 %　　　　순수익 증가율 %

그림 18 | 코카콜라와 펩시코의 전년 대비 매출 및 순수익 증가율. 출처: '연례 보고서 및 기타 보고서', 코카콜라컴퍼니, https://goo.gl/RZeVrB; '연례 보고서 및 위임장 보고서', 펩시코, https://goo.gl/QgWCFx.

　　성공적인 기업은 어려움이 있더라도 변화를 수용한다. 그들은 새로운 니즈를 발굴해서 경쟁 기업보다 먼저 새로운 제공물로 대응한다. 그리고 다시 경쟁 기업보다 먼저 변화를 시도한다. 독서에 대한 아마존의 접근법을 생각해보자. 아마존은 종이책 판매 순위 1위였지만 고객이 전자책을 원한다는 사실을 알았을 때 경쟁사들이 비슷한 제품을 개발하기 훨씬 앞서 전자책 킨들Kindle을 출시했다. 그 뒤 오디오 북이 인기를 끌자 아마존은 수수료 기반의 오디오 북 서비스를 제공했다. 아마존은 그 누구보다 먼저 새로운 제품을 합리적인 가격에 선보였다.

그러나 기업 대부분이 변화하는 고객 니즈에 이처럼 잘 대응하지 못한다. 심지어 예전 제품으로 성공했던 기업도 그렇다. 그들은 계획하지 않는다. 그들은 고객을 기다리게 만들고, 어렵게 얻은 성공을 경쟁자에게 빼앗긴다. 테슬라의 사례를 보자. 테슬라의 첫 번째 전기 차는 인기가 대단했으며 다른 고급 자동차보다 성능이 우수했다. 그러나 회사가 대중 시장을 겨냥한 차를 개발하려고 했을 때 난관에 부딪혔다. 사실 테슬라는 일론 머스크가 "생산 지옥"이라고 칭한 사건을 겪었다.

처음엔 모든 게 순조로웠다. 고객은 3만 5,000달러에 테슬라자동차를 산다는 생각에 열광했고, 테슬라는 50만 대의 주문을 사전 접수하고 예치금 환불을 약속했다. 그러나 테슬라는 대량생산 경험이 부족했고 학습곡선은 가팔랐다. 모델 3의 부품 일부가 수제작된다는 소문이 돌았다. 테슬라의 중국 생산 편중 문제 및 노조 문제와 관련된 대량 해고 때문에 노동력 수급에 문제가 있었다.[2] 테슬라는 2018년 중반까지 1주일에 5,000대를 겨우 생산할 수 있었다! 테슬라는 출고일을 지키지 못해 예치금을 환불해주어야 했다.

어쩌다 그 지경에 이르게 된 걸까? 테슬라의 초기 제품은 얼리어답터를 위한 것이었다. 그들은 테슬라자동차를 세컨드 카로 구입했고, 기다리는 것을 개의치 않았다. 그러나 새 차를 기다리는 대중 시장 고객은 그렇지 않았다. 테슬라가 출고일을 넘기고 예치금을 환불하는 동안 중국은 휘발유 및 디젤 자동차를 금지할 계획을 세웠고, 경쟁 업체는 전기 자동차를 준비했다. 테슬라는 전기 차에 대한 니즈를 만들었지만, 테슬라가 공매자와 일론 머스크의 돌출 행동에 대한 부정적인 뉴스로 홍역을 치르는 동안 득을 본 건 GM과 BMW 같은 경쟁사였다.

테슬라처럼 성공적인 제품을 출시하거나 어느 분야에서 최초로 제품을 개발하더라도 변화를 받아들이지 않으면 아무 소용이 없다. 고객의 니즈가 변할 때 성공하는 기업은 새로운 제품과 서비스를 출시하고, 디자인과 생산공정의 속도를 높이고, 새로운 제품을 저렴한 가격에 빨리 선보인다. 당신이 하지 않으면 경쟁 업체가 할 것이다.

다음의 질문을 살펴보면 당신 기업의 경쟁력을 평가하는 데 도움이 될 것이다.

- 회사가 변화하는 고객의 니즈를 얼마나 빨리 간파하고 대응하는가?
- 회사가 신제품을 개발해 시장에 출시하고 효과적인 서비스 모델을 구축하기까지 얼마나 걸리는가?
- 당신 업계에 속한 다른 회사는 얼마나 빨리 이런 일들을 하는가?

위 질문에 대한 답이 당신의 회사가 얼마나 오래 성공을 유지할 수 있을지 판단하는 데 도움이 될 것이다. 당신의 회사가 이제 막 시장에 진입했다면 이런 질문을 업계 강자에 대입해보면 시장을 뒤흔들 기회를 포착하는 데 도움이 될 것이다.

고객과 니즈가 변하는 순간
신속하게 대응하라

기업은 제품과 서비스를 설계하는 데 막대한 시간을 투자한다. 대부분 실패와 재정적 위험을 피하고자 새로운 아이디어를 도출하고 테스트하는 복잡한 과정을 거친다. 안타깝게도 이 단계들이 너무 번거로운 나머지 수많은 좋은 아이디어가 끝까지 살아남지 못한다. 게다가 전체 테스트 주기가 너무 길어서 제품이 실제 출시되는 시점에는 고객의 니즈가 변하거나 더 민첩한 경쟁 업체가 이미 시장을 차지해버린다.

중국 모바일 결제 시장이 좋은 예다. 알리페이Alipay는 중국 구매자와 판매자 사이의 불신을 해결하기 위해 탄생했다. 구매자와 판매자 양측은 항상 상대편의 사기를 의심했고, 이런 불신이 전자 상거래 거래량에 영향을 끼쳤다. 이에 따라 2004년 중국 최대 전자 상거래 업체 알리바바는 알리페이를 출시했다. 알리페이 서비스는 구매자가 지불한 돈을 에스크로(조건부 날인 증서, 구매자와 판매자 간 신용 관계가 불확실할 때 상거래가 원활히 이루어질 수 있도록 제3자가 중계하는 매매 보호 서비스-옮긴이)에 보관하고 구매자가 제품 수령을 확정할 때까지 판매자에게 송금하지 않는다. 알리페이가 거래자 간 신뢰

문제를 해결하자 알리바바의 거래량은 크게 증가했다. 2013년까지 알리페이는 중국 모바일 결제 시장의 80퍼센트를 점유했다. 그러나 고객이 조금 다른 서비스인 개인 대 개인 간peer-to-peer, P2P 직접 결제 서비스를 원했다. 그러나 알리바바는 아무런 조치를 하지 않았다.

2014년 왓츠앱WhatsApp(페이스북이 소유한 크로스 플랫폼 메신저 및 인터넷 기반 음성 통화VoIP 서비스-옮긴이)의 중국 대항마로 출격한 위챗WeChat은 중국인에게 적합한 혁신적인 아이디어였다. 위챗은 중국의 오랜 전통인 홍바오紅包에서 착안했다. 홍바오는 결혼이나 새해 첫날 같은 특별한 날에 가족과 친구에게 돈을 채워주는 빨간 봉투다. 위챗은 자신들의 서비스를 '온라인상의 홍바오'로 소개하며, 위챗페이WeChat Pay라고 불렀다. 서비스 출시 1년 만에 위챗페이 이용자가 알리페이보다 많아졌다. 1년 뒤 알리페이는 P2P 결제 기능을 추가했지만 그때는 이미 타격을 입은 뒤였다. 알리페이는 시장 우위를 잃었다. 그림 19에서 보듯, 2016년까지 위챗페이는 중국 모바일 결제 시장의 38퍼센트를 차지했다.

알리페이가 위챗페이의 선전을 철저하게 막을 수 있었을까? 아마도 불가능했을 것이다. 그러나 만일 알리페이가 P2P 결제 서비스를 좀 더 빨리 출시했더라면 시장점유율의 막대한 손실은 피할 수 있었을 것이다. 모든 기업은 고객의 니즈가 변하는 순간 신속하게 대응해야 한다. 일단 새로운 니즈가 발생하면 고객은 그 니즈를 잘 충족하면서 구하기 쉬운 첫 제품과 서비스를 구매한다. 당신의 제품

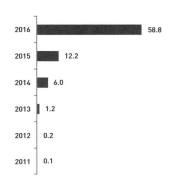

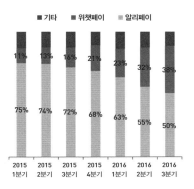

그림 19 │ 중국 모바일 결제 시장. 2016년 시장 가치 8조 6,000억 달러. 출처: 아이리서치 조사에 의한 시장 규모, 그래프, 팅이 첸, '2017 중국 모바일 결제 보고서', 워크더챗, 2017년 6월 25일, https://goo.gl/b9KAE8; 어낼러시스 데이터 추산 시장점유율, '알리페이 vs. 위챗페이-누가 이기는 싸움인가?', 〈아세안투데이〉, 2017년 2월 28일, https://goo.gl/Yke9aJ.

과 서비스가 한때 얼마나 인기를 끌었고 혁신적이었는지는 영향을 끼치지 못한다. 경쟁자를 앞서려면 계속해서 변화를 수용하고 경쟁자보다 먼저 새로운 제품을 출시해야 한다.

신속하게 제품과 서비스를 공급하라

　　　　　　혁신을 통해 변화하는 기업도 연구 개발에 너무 많은 시간을 투자하고 출시를 위한 운영 태세를 갖추는 데 시간을 충분히 투자하지 않으면 경쟁 우위를 잃을 수 있다. 이는 흔히 저지르는 실수다. 기업은 제조 시설이나 공급업체 쪽에 충분한 생산 여력을 계획하지 않는다.[3] 그 결과, 생산 여력 부족 또는 급변하는 수요를 따라가기 위해 생산 여력을 수정하는 유연성 부족으로 제품이 출하되는 시기가 지연된다. 경쟁사는 지연을 기회 삼아 격차를 따라잡고, 혁신 기업은 단지 출시에 대비한 운영 준비를 하지 않아 패배한다.

787기의 수요를 따라가지 못해 고전한 보잉Boeing의 사례를 보자. 2007년 보잉 787기가 공개되자 고객은 즉시 787기를 원했다. 787기는 지점 간 운항이 가능했고, 최고의 연비와 모든 항공사가 요구하는 안락함을 갖췄다. 그러나 보잉은 제품 도입 단계에서 애를 먹었을 뿐 아니라 비행기를 출하하는 데 수년이 걸렸다. 보잉의 공급업체가 여러 가지 이유로 증가한 수요를 따라갈 준비가 되지 않아 보잉은 고객에게 기다려달라는 양해를 구해야 했다. 그러자 때마침 에어버스Airbus는 787기의 출하를 따라잡기 위해 경쟁 제품 A350기를 개발했다.

그 결과, 보잉은 집중적으로 투자했던 새로운 기종으로 시장을 장악할 기회를 놓치고 말았다. 위키피디아에 따르면, 현재 에어버스와 경쟁하기 위해 보잉은 787기 한 대를 팔 때마다 수백만 달러를 손해 봐야 한다. 보잉이 운영 계획을 더 잘했더라면 제때 제품을 납품하고(에어버스가 따라잡을 수 없을 만큼 빨리) 매출과 이익을 증대할 수 있었을 것이다. 보잉은 2007년 기종을 공개했지만 2011년까지 출고를 시작하지 않았다. 2011년부터 2015년 사이 출고 대수

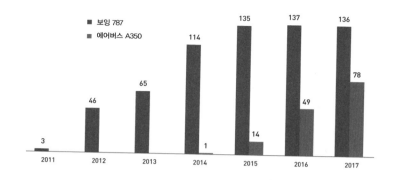

그림 20 ㅣ 보잉 787·에어버스 A350 출고 현황. 출처: '보잉 787 주문·출고 리스트', '에어버스 A350 XWB 주문·출고 현황', 위키피디아, 2019년 3월 22일 접속.

는 3대에서 135대로 증가했다. 반면 2014년에 A350기를 출고하기 시작한 에어버스의 대수는 2017년 기준 78대로 증가했다. 787기의 출고 대수는 2015년 이후 정체를 보였지만 A350기의 출고는 계속 증가했다(그림 20 참조).

패스트 패션 기업 자라는 변화하는 고객 취향에 빠르게 대응하는 것의 중요성과 파급력을 이해하고 있다. 자라는 공급망을 가속화해 새로운 패션 트렌드를 적시에 매장에 도입한다. 자라는 제조 시설을 멀리 아시아 국가가 아닌 시장 가까이에 위치시키고 1주일 내에 새로운 디자인이 매장에 비치될 수 있도록 한다. 자라는 실제 수요를 바탕으로 적은 양을 생산하고 주 2회 매장에 의류를 비치한다. 티셔츠처럼 유행에 덜 민감한 의류만 아시아 국가에 외주를 맡긴다.

다른 장점도 있다. 자라는 상품을 계속 업데이트하기 때문에 고객은 옷을 둘러보기 위해 자주 매장에 들른다. 고객은 1년에 자라 매장을 17회 방문하고 다른 매장은 평균 3회 방문하는 것으로 추산된다.[4] 또 자라는 소량으로 생산하기 때문에 폭탄 세일을 하는 경우가 드물고, 따라서 수익성이 더 좋다. 사실 패스트 패션 매장은 폭탄 세일을 자주 하지 않는다. 다른 의류업계가 통상 30퍼센트 할인을 하는 반면 패스트 패션 매장의 할인율은 15퍼센트 정도다. 자라는 유럽에서 폭발적으로 성장했으며, 현재는 미국에서 성장하고 있다. 미국의 다른 의류 소매업체는 매장을 닫고 있지만 자라는 신규 매장을 열고 있다.

그러나 패스트 패션 산업의 성공 비결은 낮은 가격이 아니라 고객에게 신속하게 제품을 제공하는 능력이다. 이는 다른 산업에서도 마찬가지다. 새로운 제품이나 서비스를 시장에 빨리 출시하는 능력이 사업의 성패를 가른다. 에어버스의 사례를 보자. 에어버스는 운영을 간소화하고 계획을 세웠기 때문에 신속하게 제품을 출시하고 규모를 확장할 수 있었다. 에어버스의 모듈화 설계 덕분에 수요 변동에 따라 운영을 획기적으로 단순화하고 규모를 확장할 수 있게 됐다. 에어버스는 공급업체로부터 일부 조립된 부품을 사서 자사 공장에서 조립한다. 보잉은 여전히 운영을 간소화하는 데 어려움을 겪고 있다. 그러는 사이 시장에 제품을 내놓는 시기가 더 지연되고 비용은 더 증가한다.

적합한 서비스 모델을 구축하라

변화하는 고객의 요구 사항에 직면했을 때, 새로운 사업을 위한 효과적인 서비스 모델을 개발하는 것이 매우 중요하다. 효과적인 서비스 모델을 통해 기업의 비용 구조와 가격이(보잉의 가격과는 달리) 새로운 제품과 서비스에 부합하게 된다. 이를 실천하면 경쟁 업체가 더 낮은 가격의 제품과 서비스로 고객을 가로채는 일을 막을 수 있다.

그러나 기업 대부분이 이를 잘 인지하지 못한다. 많은 기업이 새로운 제품에 낡은 서비스 모델을 적용한다. 성공하는 경우는 당연히 드물다. 그것은 마치 맥도날드가 목초지에서 자란 소로 햄버거 패티를 만들고, 가격은 그대로인 상태에서 빵을 글루텐 프리로 바꾸고서 서빙 시간을 단축할 방법을 연구하지 않고 햄버거를 하나씩 만드는 격이다. 고객은 저렴한 유기농 햄버거는 좋아하지만 30분 이상 기다릴 생각은 없을 것이다. 고객은 다른 햄버거 가게를 찾을 것이다. 설령 다른 햄버거 가게에 가지 않더라도, 보잉이 787기를 판매할 때 손해를 봤듯 맥도날드는 햄버거 하나를 팔 때마다 손해를 보게 된다. 최상의 서비스를 제공하지 못하거나 서비스 비용이 많이 들기 때문에 기존의 서비스 모델은 고객의 새로운 니즈를 충족할 수 없다. 새로운 서비스 모델이 새로운 니즈에 더 잘 부합한다. 그렇다면 먼저 새로운 서비스 모델이 인기를 얻으면 새로운 서비스 모델을 미세 조정함으로써 비용을 줄여야 한다. 고객이 디스럽터로 이동하기 전에 서둘러야 한다.

닷컴 버블 붕괴 후의 IT 서비스(아웃소싱) 산업은 변화의 흐름에 적응하지 않는 것의 위험성과 디스럽터에 주어지는 기회를 보여준다. 2000년대 초반까지 IT 서비스 시장은 IBM, CSC, EDS, 킨Keane 같은 미국 대기업이 장악했다. 그러나 2000년대 초 닷컴 버블이 붕괴하자 바로 인포시스Infosys 같은 몇몇 인도 신생 기업이 IT 서비스를 제공하기 시작했다. 인포시스는 미국에 최소한의 인원만 남기고 프로그래밍, 데이터 웨어하우징, 고객 지원 등의 업무를 인건비가 훨씬 저렴한 인도에 아웃소싱했다. 처음에는 신생 기업과 선뜻 거래하려는 미국 기업이 적었지만, 아웃소싱을 통해 얼마나 비용을 절감할 수 있는지 깨달은 많은 기업이 IT 업무를 인도에 아웃소싱하기 시작했다.

IT업계의 대기업도 해외 아웃소싱을 통해 IT 서비스를 제공하려고 애를 썼지만 따라잡기엔 이미 늦었다. 대부분의 IT 대기업이 파산한 데다 한때 막강했던 IBM만 현재 IT 서비스 사업을 유지하고 있다. 그러나 그조차도 이전에 비하면 매우 작은 규모다. 한편 인포시스는 꾸준히 매출을 신장하며 중간이윤을 유지했다. 2012년부터 2017년 사이, IBM의 글로벌테크놀로지서비스Global Technology Service, GTS의 매출 증가율은 마이너스 2퍼센트에서 마이너스 10퍼센트 사이로 계속 마이너스 상태였지만, 인포시스의 매출 증가율은 6퍼센트와 11퍼센트 사이로 유지됐다(그림 21 참조).

GTS와 인포시스는 비슷한 매출 총이익을 유지하는 한편, GTS의

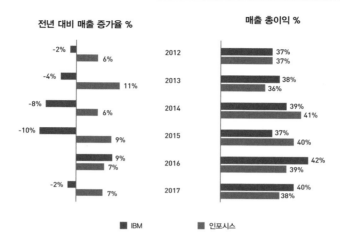

그림 21 | IBM GTS와 인포시스의 매출 증가율 및 매출 총이익. 출처: '재무 보고', IBM, https://goo.gl/vqwkWD; '재무 보고: 연례 보고서', 인포시스, https://goo.gl/yTyzFP.

매출 총이익은 37퍼센트에서 39퍼센트, 인포시스의 매출 총이익은 37퍼센트에서 42퍼센트 사이로 유지됐다.

기업은 고객 서비스에 대한 자신들의 접근이 잘못됐다는 사실을 너무 늦게 깨닫는다. 겉보기에 잘 작동하는 서비스 모델을 바꾸는 것은 어렵고 위험이 따르며 비용도 많이 든다. 그 결과, 기업은 시장의 흐름에서 너무 멀어질 때까지 기존 서비스 모델을 고수한다. 이것이 미국 IT업계가 겪은 일이다. 그들과 같은 운명을 피하고 싶다면 미국 IT 기업들의 사례처럼 비용, 서비스 자체, 타이밍과 관련해 언제 고객이 불만을 느끼는지 알아야 한다. 그런 다음에는 기존의 방식을 버리고 신속하게 비용 효율적인 대안을 제시해야 한다.

변화하는 고객 니즈에
더 신속하게 대응하라

과거에는 사람들이 상품을 구매하건 서비스를 구매하건 기업이 고객을 기다리게 해도 사업을 계속할 수 있었다. 레스토랑이나 계산대에서, 콜 센터 통화 중에도 고객은 기다렸다. 그런 시대는 종말을 맞이하고 있다. 이제 우리는 모두 인내심이 없다. 고객이 찾을 때 당신의 제품이 없고 다른 회사의 제품은 있다면 고객은 경쟁사의 제품을 산다.

브랜드 충성도가 가장 높은 애플도 마찬가지다. 2017년 아이폰 X의 출고가 2개월 지연됐을 때, 삼성의 갤럭시S9이 시장에 나왔고 고객은 갤럭시S9을 선택했다. 컨설팅 기업 칸타르Kantar에 따르면, 아이폰X의 출시 지연으로 아이폰의 글로벌 시장점유율은 타격을 입었다.[5] 애플의 충성 고객이 기다리지 않는다면 아무도 기다리지 않는다.

애플은 여전히 시가총액 면에서 세계 최대 기업이다. 그러나 고객을 기다리게 만든다면 애플과 같은 행운을 누릴 수 없을 것이다. '적절한 대기시간은 어느 정도일까?'에서 '고객을 기다리게 하지 않기 위해 무엇을 할 수 있을까?'로 개념을 전환해야 한다. 고객이 전자 상거래 사이트가 열리는 동안 몇 초를 기다리지 못한다면, 고객이 기다려준다고 생각하며 서비스를 설계할 이유가 없다. 고객을 기다리게 하면 짜증을 유발할 뿐이고, 고객은 대안을 찾아 나설 것이다. 그 대신 대기시간이 없는 서비스를 설계해 고객이 다른 서비스 대신 당신의 서비스를 찾게 하라. 고객의 인내심 부족을 기회로 삼아라.

당신이 제품과 서비스를 적시에 제공하는 방법을 소개한다.

1단계:
빠른 상품과 솔루션 개발 속도

알리페이, 보잉, 그리고 미국 전체 IT업계의 사례에서 보듯이 기업이 변화하는 고객의 니즈를 제때 해결하지 않으면 경쟁자가 그렇게 할 것이다. 게다가 떠나간 고객은 돌아오지 않는다. 일단 고객이 돌아서면 고객을 되찾는 것이 유지하는 것보다 훨씬 더 어렵다. 비용도 더 많이 든다. 너무 많은 기업이 고객 충성도에 의존한다. 고객이 원하는 것을 바로 제공하지 못한다면 당신이 그것을 최초로 디자인했거나 최초로 제공했다는 사실은 고객에게 아무런 의미가 없다.

다음에 소개할 내용은 고객 유지를 위해 고객의 니즈를 잘 다루는 방법과 새로운 제품을 빨리 개발하는 방법들이다.

빠른 추격자가 되라. 패스트 패션 업계는 최신 트렌드와 경쟁 매장에서 파는 제품을 철저히 반영해 고객의 마음을 얻었다. 패스트 패션업계는 결코 패션을 선도하지 않는다. 때로는 경쟁 업체의 디자인을 당당하게 베껴 고소를 당하기도 한다. 그러나 그들의 방식은 효과적이다. 패스트 패션업계를 모방하려면 업계 표준을 만든 기업을 찾은 뒤 지식재산권을 침해하지 않는 범위에서 신속하게 경쟁 제품을 개발하라. 승차 공유 기업이 어떻게 우버를 모방하고 더 나은 서비스를 제공했는지 생각해보라. 모든 산업에 유사한 사례가 존재한다.

대용물을 주시하라. 일부 산업에서 변화하는 고객 취향을 이해하기 위해 대용물을 주시해야 한다. 레스토랑업계는 고객의 음식 취향이 어떻게 바뀌는지 잘 보여준다. 만약 고객이 레스토랑에서 건강한 음식을 찾는다면 집에서도 건강한 음식을 먹고 싶어 할 것이다. 비슷한 예로, 텔레비전 프로그램은 흥행에 성공한 영화를 바탕으로 만들어진다. 그것이 바로 디즈니 같은 대형 제작사가 텔레비전 방송국을 운영하는 이유 중 하나다.

업계 동향을 주시하라. 고객의 취향이 느리게 변하는 경우도 있다. 그런 경우에는 업계 트렌드에 맞서기보다는 트렌드의 일부가 되는 편이 현명하다. 예를 들어 전기 회사가 재생에너지로 천천히 전환하자 현명한 석유·가스 회사들은 사업을 다각화하기 시작했다. 사우디아라비아는 이미 석유와 가스에 투자하던 자산을 관광 등의 다른 산업에 투자하고 있다. 한편 브리티시페트롤리엄BP,

쉘Shell, 엑슨모빌ExxonMobil 등의 기업들은 업계 트렌드에 대항하며 계속해서 석유와 가스에 모든 것을 투자하고 있다. 그러면서 그들은 고객이 탄소 기반 연료를 계속 소비하기를 바라고 있다.

글로벌 트렌드를 따라라. 글로벌 트렌드가 실마리가 될 수 있다. 한 나라에서 인기 있는 제품이 다른 나라에서도 인기 있는 경우가 있다. 일본 생활용품업체 카오재팬Kao Japan은 부직포 밀대 청소기 스위퍼Swiffer를 처음 만들었고, 현재는 P&G가 전 세계에 스위퍼를 판매한다. 독일의 식료품 할인 마트 알디는 유럽 전역으로 퍼져나갔고 미국에 진출하기 시작했다. 인도에서 시작된 요가가 서양에서 인기를 얻었고 서양의 피트니스 센터가 인도에서 유행하기 시작했다. 세계적인 인기 상품이 자국 시장에서 통할지 판단하는 가장 좋은 방법은 현지 고객의 니즈를 이해하는 것이다. 예를 들어, 미국의 밀레니얼 세대는 약초와 식물 성분으로 만든 파탄잘리 제품을 선호하지만 신선한 농산물을 원하는 인도 고객은 포장 식품에 매력을 느끼지 못할 수도 있다.

시행착오를 하라. 앞에 언급한 방법이 당신이 속한 업계에 전혀 적용되지 않을 수도 있다. 그러나 한 가지 확실한 방법이 있다. 아이디어를 떠올리고 테스트하는 것이다. 아마존은 제품을 대규모로 출시하기에 앞서 아이디어를 테스트하고 완성했던 좋은 예다. 많은 기업이 스타트업을 주시하다가 미래 먹거리를 기대하며 스타트업의 아이디어를 사들인다. 스타트업은 막대한 투자를 하지 않고도 기업들을 통해 새로운 아이디어를 테스트한다. 지난 수년 간 제약 회사와 기술 회사가 이 방법으로 많은 수익을 올렸다.

2단계:
새로운 서비스 모델 구축

고객이 새 제품이나 서비스를 이용하게 되면 서비스를 제공하는 새로운 방법을 찾는 것이 매우 중요하다. 고객이 제품이나 서비스 자체를 좋아한다고 해도 적합한 서비스 모델이 없으면 그 제품과 서비스를 계속 이용하지 않을지도 모른다. 또 기존 서비스 모델을 새 상품에 적용하는 것이 적절하지 않을 수도 있다. 제품과 서비스의 효과와 비용을 최적화하는 새로운 서비스 모델을 설계하는 것이 더 좋다.

로펌의 사례를 보자. 법조 산업의 경우 대형 로펌에 대한 요구 사항이 바뀌고 있다. 기업은 이제 무한 리필 뷔페처럼 고정 수수료를 내고 자문을 얻기 원하고, 심지어 어떤 경우에는 24시간 서비스를 받고 싶어 한다. 기업 고객은 모든 건의 수임료를 협상하는 일이 피곤하다고 느낀다. 그들은 외부 변호사가 상근 변호사처럼 일하면서 고정 수임료를 받고 의뢰받은 일을 해주길 원한다. 일부 로펌은 변호사에게 과거 그 어느 때보다 더 적은 보수를 지급하고, 또 어떤 로펌은 예전보다 적은 수의 변호사를 파트너 변호사로 승진시킨다. 두 사례 모두 장기적으로는 역효과를 가져올 근시안적인 대응이다.

그보다는 로펌이 법률 서비스를 제공하는 방식을 바꾸는 편이 좋다. 예를 들어, 법률 보조인에게 계약서 문구 검토를 맡기거나 고참 변호사에게 복잡한 사건을 지정하는 것이다. 이처럼 상황에 맞는 서비스 모델을 구축한다면 로펌의 수익성이 증대되는 동시에 고객을 만족시킬 수 있다. 지금까지는 이런 사고방식으로 접근하는 로펌이 많지 않았다. 그러나 사고방식을 바꾸지 않으면 다른 신생 로펌이 그렇게 할 것이다. 그리고 그들이 법조 산업을 완전히 뒤흔들 것이다.

3단계:
공급망 가속화

공급망의 대응 속도가 빠르지 않으면 기업도 변화하는 고객의 취향에 신속하게 대응할 수 없다. 그러나 공급망 병목현상은 너무 흔하다. 1997년 스티브 잡스가 애플 CEO로 복귀했을 때 그는 자신의 역량을 제품 파이프라인, 마케팅, 공급망의 3가지 문제에 집중시켰다. 당시 애플은 2~3개월 분량의 공급업체 재고와 2~3개월 분량의 완성품 재고를 보유했다. 따라서 애플은 고객 수요가 발생하기 4~6개월 앞서 수요를 예측했던 것이다.

당연한 결과겠지만 수요 예측은 자주 빗나갔고, 애플은 실제 소비자 수요에 대응하지 못했다.

이 문제를 해결하기 위해 잡스는 팀 쿡Tim Cook을 고용했다. 쿡은 공장 생산을 하청 제조 방식으로 바꾸고 창고와 재고를 축소했다. 이 두 조치를 통해 공장에서 고객까지factory-to-customer 도달하는 지연시간이 수개월에서 며칠로 단축됐다. 애플의 공급망을 개선하기 위해 팀 쿡이 기울인 노력이 회사의 재정적 성공에 기여했음을 부인할 수 없다. 쿡의 공급망이 없었다면 잡스의 디자인 혁명과 마케팅 지식은 빛을 보지 못했을 것이다. 너무 많은 고객이 훌륭하게 디자인되고 기획된 제품을 기다리다가 지쳤을 것이기 때문이다.

공급망 속도를 올리는 데 단 한 가지 비결만 존재하는 것은 아니다. 그러나 다음의 제안은 여러 산업에 속한 많은 기업이 일반적인 병목현상을 해결하는 데 도움이 됐다.

적체 재고를 폐기하거나 축소하라. 공급망 속도를 올리는 프로세스는 적체 재고를 줄이거나 제거하는 데서 출발한다. 거의 모든 경우 기업이 보유한 재고의 상당량이 창고에 방치돼 소중한 공간을 차지하고, 시스템의 흐름을 막아 공급망의 속도를 느려지게 만든다. 적체 재고는 매출 발생을 위해 쓰일 수 있는 현금을 묶어둔다. 적체 재고는 반드시 폐기하거나 염가 판매돼야 한다. 두 방법이 모두 불가능하다면 팔리는 상품을 위한 공간이 확보되도록 적체 재고를 상시 공급망 창고에서 다른 장소로 옮겨 보관해야 한다. 더 좋은 방법은 적체 발생 원인을 분석하고 문제 해결 전략을 도출함으로써 재고의 적체를 막는 것이다.

주문을 단순화하라. 이제 고객은 다양한 방식으로 상품을 주문한다. 컴퓨터, 휴대전화 앱, 전화를 통한 주문이 가능하다. 소매점에서 구매할 때보다 이런 방법으로 구매할 때 판매자의 비용이 감소한다는 것과 콜 센터를 통한 주문 비용보다 온라인 주문 비용이 더 낮다는 것은 우리가 다 아는 사실이다. 그런데 온라인 구매가 오류가 가장 적다는 사실을 아는 사람이 얼마나 될까? 주문에 관련된 사람이 많아질수록 오류율도 증가한다. 주문 오류는 혼란, 배송 오류, 반품 증가로 이어져 지연과 비용을 초래한다.

네트워크를 단순화하라. 목적에 따라 공급망을 분리해 단순화하면 업무 처리 속도가 매우 빨라진다. 기업은 공급망에서 이동이 빠른 제품, 느린 제품, 적체된 제품별로 공급망을 분리할 수 있다. 제품과 수요에 따라 제조 단계 또는 공급업체 단계에서 공급망 분리가 일어날 수 있다. 공급망 단순화에는 창고를 없애거나 원자재 흐름을 단순화하는 것도 포함된다.

출고를 간소화하라. 공급망의 최종 단계인 출고는 고객 만족을 위해 비용이 가장 많이 들고 가장 중요한 단계다. 앞서 언급했듯이 고객은 기다리지 않는다. 제조를 아웃소싱한 경우, 기업은 공급망 이동속도가 빠른 제품을 공장 또는 판매자로부터 고객에게 직접 전달해 일의 속도를 올릴 수 있다. 이케아Ikea가 가구를 출고할 때 시도했듯이 기업은 공급망 내의 이동속도가 느린 제품의 배송을 통합해 비용을 관리할 수 있다.

제조의 유연성을 추구하라. 4장에서 언급했듯이 신속한 엔드 투 엔드end-to-end 출고와 개인화를 위해서는 제조가 유연해야 한다. 이를 통해 적은 양의 로트lot(1회에 생산되는 특정 수의 제품 단위—옮긴이) 사이즈 처리와 작업 방식의 신속한 전환이 가능하다.

협력 업체와의 접촉을 단순화하라. 기업 내부 조직과 외부 공급업체와의 상호작용에서 공급업체의 성과를 저해할 수 있는 물류 문제 또는 다른 문제가 발생할 수 있다. 기업은 공급업체의 전문성을 보고 그들을 고용한다. 그러나 많은 기업 내부 조직이 공급업체에 대한 노파심에서, 또는 공급업체의 판단을 믿지 못해서 그들이 내부 절차를 따를 것을 강요한다. 자연히 그로 인해 모든 것이 지연되고 더 많은 문제가 발생한다. 해결책은 간단하다. 외부 조직이 알아서 하게 맡기는 것이다. 그리고 그들에게 결과물에 대한 책임을 묻는다. 그러나 사사건건 간섭하지 않는 대신 협력과 소통을 촉진할 방법을 마련한다.

판촉 행사를 줄여라. 대부분의 기업이 판촉 행사가 매출과 이익을 증대하는 좋은 방법이라는 잘못된 믿음에서 자주 행사를 진행한다. 그들은 그런 방법으로 경쟁자를 이기고 있다고 생각한다. 그러나 사실 그 성공은 자신들의 미래에서 빌려 온 것이다. 판촉 행사 때문에 소매점 선반은 재고로 넘치게 되고, 더군다나 이제 그런 방식은 더 이상 통하지 않는다. 판촉 행사 때문에 사람들이 하루에 다섯 번씩 이를 닦지는 않는다. 고객이 치약을 행사 가격에 구매해도 치약 회사와 소매점은 치약 한 개당 더 적은 이윤을 남기고, 고객은 다음번 치약 구매를 미룰 뿐이다.

고가 제품도 마찬가지다. 2017년 자동차 판매 대리점이 경험했던 소형 세단과 중형 세단의 판매 적체를 예로 들자. 많은 자동차 대리점이 10개월에 걸친 적체를 경험했다. 고객이 차를 원하지 않았기 때문이다. 이런 일은 공급망에도 연쇄적인 충격을 가한다. 공장과 공급업체는 1년 중 다른 기간에는 일이 없더라도 최대 소비에 대한 생산 역량을 갖춰야 한다. 2017년 재고 대란 이후, 자동차 회사는 몇 달씩 생산을 중단했고 공급업체는 더 오랜 기간 공장 문을 닫아야 했다.[6]

초특가 할인의 또 다른 문제는 미래의 구매 패턴을 파악하기 어렵게 만든다는 것이다. 단 며칠간의 쇼핑 대란 중에 회사는 정확한 계획을 세우기 어렵다. 추정을 기반으로 제작한 제품은 버려지게 되고, 심지어 나중에 더 큰 폭으로 할인해야 한다. 기업이 판촉 행사를 완전히 폐지하길 기대하는 것은 현실적이지 않다. 오히려 판촉 행사를 추수감사절과 크리스마스(미국 기준)를 포함한 몇 번으로 제한하는 것이 더 현명해 보인다. 또 가장 성공적인 기업인 애플, 스타벅스, 트레이더조는 할인 행사를 전혀 하지 않는다는 점을 기억하자. 마지막으로 할인은 장기적으로는 자기 파괴적인 유인책이다. 고객은 결국엔 초특가 할인 기간에만 당신의 제품을 구매하게 된다.

공급망 속도 향상이 어떻게 한 소비재 기업(더비Derby라고 하자)에 도움이 됐는지 보여주는 사례가 있다. 더비는 샴푸, 비누, 기저귀 등의 상품을 신흥 시장에 홍보했다. 고객들은 불만을 느꼈다. 그 이유는 신제품이 집중적으로 홍보되고 있음에도 매장에서 신제품을 구하기는 매번 어려웠기 때문이다. 거듭된 판촉 행사 후 남은 재고로 더비의 판매 경로가 막힌 것이다. 경쟁 기업은 더비가 홍보를 통해 끌어올린 소비자의 관심을 이용해 경쟁 브랜드를 출시했다.

이에 대응해 더비는 재고를 줄이고 공급망을 간소화하고 창고 개수를 줄였다. 이 모든 조치를 한 결과 공급망 속도가 빨라졌다. 그 뒤 더비는 시장 주도권을 되찾고 매달 다음 해 판매량의 50~70퍼센트를 차지하는 치약, 화장품, 기저귀 등의 신제품을 출시하기 시작했다. 그 결과, 시장점유율이 증가했다. 게다가 유통업자와 소매업자에게 오래된 제품을 떠안기는 대신 신제품 판매에 집중한 결과로 판매 부서의 생산성이 30~50퍼센트 상승했다.

운영 측면에서는 납품 비용이 판매가의 75퍼센트에서 55퍼센트로 감소했다. 또 시스템 재고가 115일에서 60일로 단축됐다. 정확한 구매 요청에 따라 정확한 물량이 적시에 납품되는 것을 의미하는 완전 주문의 비중이 40퍼센트에서 90퍼센트로 증가했다. 그와 동시에 품질도 향상됐다. 불량률은 100만 개당 3만 개에서 5,000개로 감소했다. 제품이 고객에게 전달됐을 때 상품은 출시된 지 얼마 되지 않은 것이었고, 자연히 회사 제품에 대한 고객 만족도가 높아졌다. 소매업자와 유통업자는 더비와 다시 일하게 된 것에 만족했다.

4단계:
고객이 구매하는 것만 생산하라

고객이 구매하는 것과 구매하는 양만큼만 생산하는 것은 언제나 현명하다. 이를 통해 기업은 생산 여력을 유지하고 과잉생산으로 인해 생산과 공급망에서 발생하는 병목현상을 예방할 수 있다. 바로 자라를 비롯한 다른 패스트 패션 기업이 이를 실천하고 있다. 그들은 수요가 없을 때는 공장을 가동하지 않고 팔리지 않는 상품은 생산하지 않는다. 이것이 신제품을 신속하게 만들 수 있는 여력을 만들어준다.

그러나 대부분의 기업이 그렇게 하지 않는다. 그들은 더 많이 만들수록 비용이 줄어든다는 생각에서 비용 감소를 위해 대량으로 생산한다. 따라서 팔리지 않는 제품이 결국엔 폐기되거나 염가 판매될 때까지 운영 팀이 공장을 계속 가동하도록 만든다.

이런 일이 발생하는 이유는 기업이 생산 계획을 제대로 세우지 않기 때문이다. 그들은 최신 시장 트렌드가 아닌 과거의 경험에 따른 예측을 바탕으로 생산 계획을 세운다. 과거의 경험으로 미래를 예측할 수 없다. 통계적으로 예측은 맞을 때만큼이나 빗나갈 때가 많다. 고객의 과거 행동으로 고객 수요를 예측하기에는 경쟁 활동, 고객의 취향이나 선호도, 가처분소득 등 너무 많은 변수가 존재한다.

그보다는 실시간 수요 정보가 더 좋은 실마리다. 신제품을 처음 출고하는 경우에는 수요를 어림짐작할 수밖에 없다. 그러나 그 뒤에는 실제 수요에 출고량을 맞춰야 한다. 그렇게 되면 실제로 팔리는 제품에 생산 역량을 집중할 수 있다. 수요 데이터를 당장 구할 수 없더라도 고객에게 향후 수요와 주문에 관해 물어볼 수 있다. 그게 어렵다면 기업은 협력사의 생산 계획과 재고를 바탕으로 수요를 예측할 수 있다. 고객사에 판매할 때, 예측보다는 실제 구매 정보를 활용해 출고와 생산을 시작한다. 수요 정보가 더 정확해지면 재고가 줄어들고 신제품 출시를 위한 생산 여력이 확보된다. "팔리지 않으면 만들지 않는다"가 모토가 돼야 한다. 그렇지 않으면 제품은 창고 공간을 차지하거나 폐기되거나 또는 염가에 팔리게 돼 브랜드 가치마저 희석된다.

고객을 기다리지 않게 할
방법을 찾아라

고객은 과거보다 더 인내심이 적어졌다. 밀레니얼 세대는 모든 것을 즉시 가져야 하고 커리어부터 쇼핑에 이르는 모든 문제에 인내심이 없다.[7] 밀레니얼 세대의 브랜드 충성도는 낮으며, 가장 좋아하는 상품과 서비스를 제때 이용하지 못하면 다른 상품과 서비스를 선택한다. 이는 전 세계 밀레니얼 세대의 특징이다. 그들의 사고방식에 적응해야 한다. 그렇지 않으면 당신은 더 빨리 적응하는 경쟁사에 패배할 것이다. 밀레니얼 세대뿐 아니라 더 나이 든 세대도 점점 인내심이 적어지고 있다. 그들은 계산대 앞에서나 전화기 너머에서 기다리는 것을 싫어한다. 그들은 또한 가장 좋아하는 브랜드를 위해서도 기다리지 않는다.

기업 리더는 고객이 기다리지 않게 할 방법을 찾아야 한다. 아니면 당신이 눈치채기도 전에 고객은 경쟁사의 제품을 구매할 것이다. 대부분 일을 더 신속하게 한다는 것은 기업 리더가 전혀 새로운 방식, 즉 고객의 새로운 기대에 부응하는 방식으로 생각하는 것을 의미한다.

언더아머가 이를 위해 어떤 노력을 했는지 살펴보자. 2018년 언더아머는 재고와 재고 관리 단위SKU를 축소함으로써 운영 효율을 개선하고자 노력하고 있었다. 그러나 공급망 속도를 올리는 것은 고객이 원하는 제품을 기업이 가지고 있을 때만 도움이 된다. 그게 아니라면 고객이 원하는 것을 주지 않으면서 단지 비용만 줄이는 것이다. 고객이 패셔너블한 운동복을 원했을 때 언더아머는 고객이 평상복으로 또는 멋을 위해 입을 수 있는 옷을 만드는 디자이너를 고용했어야 한다. 그런 다음엔 고객이 구매하는 것을 바탕으로 디자인을 실험하고 바꾸는 작업을 계속했어야 한다. 그랬더라면 언더아머는 패스트 패션 기업처럼 적은 양을 생산하는 데 집중했을 것이다. 그런데 언더아머는 오히려 고객이 원하지 않는 것을 더 효율적으로 생산하게 됐다.

다른 기업들이 고객 니즈에 더 신속하게 대응하고자 할 때 비슷한 접근법이 도움이 될 수 있다. 예를 들어 테슬라는 운영에 대한 인식을 바꿔 생산량을 증대할 수도 있었다. 다른 자동차 제조사처럼 모든 것을 자체 생산하는 대신, 테슬라는 애플과 비슷한 접근법을 택할 수도 있었다. 애플은 제품을 디자인하고 홍보하지만 제품을 실제로 제조하는 것은 하청 제조사다. 마찬가지로 테슬라는 모델 3의 디자인과 유통을 맡고 배터리 같은 핵심 기술을 제공할 수도 있었다. 그런 다음, 중저가 자동차 대량생산에 숙련된 다른 자동차 제조사에 모델 3의 제조를 의뢰할 수도 있었다. 이는 양측이 모두 윈윈하는 결과를 가져왔을 것이다.

이 모든 단계를 이행하려면 언더아머나 테슬라(그리고 당신의 회사도?)는 디자인과 운영을 완전히 바꿔야 할 것이다. 그러나 이 단계를 거친 많은 기업이 죽음의 소용돌이에서 벗어나 다시 성공과 번영의 길을 가고 있다.

6장

적당히 좋은 품질은 없다

CUSTOMER-DRIVEN
DISRUPTION

품질은 강력한 무기가 될 수 있다. 그러나 당신이 품질을 활용하는 방법을 아는 경우에만 그렇다. 기업 대부분이 그 방법을 모른다. 경쟁자를 물리친 즉시 기업은 자신들이 '충분히 훌륭하다'고 생각한다. 그러나 현대사회에서 아무리 경쟁자보다 앞서 있다고 해도 적당히 좋은 상태를 오래도록 유지하는 기업은 없다. 맥도날드의 사례를 보자. 맥도날드의 성장은 멈춘 반면, 패스트푸드 체인 칙필레Chick-Fil-A는 성장을 거듭해 2020년 미국 3위 패스트푸드 체인이 될 전망이다.[1]

어떻게 된 일일까? 칙필레는 오늘날 고객이 중요하게 생각하는 품질에 집중했다. 칙필레의 모토는 다음과 같다. "음식은 삶의 필수 요소다. 그러니 잘 만들자." 칙필레는 육즙이 더 풍부한 영계를 구입해 간을 한 뒤 수작업으로 튀김옷을 입혀 100퍼센트 정제 땅콩

기름으로 압력 조리한다. 칙필레 닭은 철창 우리가 아닌 미국 농장의 외양간에서 자란다. 칙필레는 호르몬이나 스테로이드가 추가된 고기 조각을 쓰지 않고 100퍼센트 통 닭가슴살만 사용한다. 2019년 말까지 닭들은 항생제 투여 없이 사육될 것이다. 칙필레가 사용하는 농산물 대부분은 지역에서 신선한 상태로 배달된 것이다.[2] 고객은 칙필레에 쓰는 돈을 아까워하지 않는다. 일요일에는 영업하지 않는데도 평균적으로 한 매장이 매년 440만 달러의 매출을 올린다. 그에 비해 맥도날드의 매장당 한 해 평균 매출은 250만 달러.

어느 업계에서건 더 이상 적당히 좋은 것은 없다. 맥도날드의 장난감과 해피밀 세트 같은 성공적인 광고와 기획도 더 이상은 고객을 끌어오기에 충분치 않다. 당신은 고객이 정말 원하는 것을 줘 그들에게 신뢰를 얻어야 한다. 밀레니얼 세대, Z세대, 심지어 일부 베이비 붐 세대는 브랜드나 광고보다 구매 후기를 더 신뢰한다. 이 고객들은 유명인이나 광고가 하는 말에 귀 기울이지 않는다. 고객이 제품 성능, 품질, 서비스에 관해 알고 싶을 때 온라인에서 알아보기만 하면 된다. 다른 구매자들이 그들이 알고 싶은 것을 말해주고 궁금한 질문에 대답도 해준다.

만약 어떤 제품에 문제가 있으면 즉시 구매 후기를 통해 고객 경험이 상세하게 묘사된다. 예를 들어, 삼성 갤럭시 노트7은 출시 전 제3자 평가에서 극찬을 받은 삼성의 대표 스마트폰이다. 그러나 2016년 8월 출시된 지 며칠 만에 초기에 제품을 구입한 일부 고객이 갤럭시 노트7이 발화하거나 폭발했다고 알렸다.[3] 이 소문은 소셜 미디어를 통해 퍼져나갔다. 항공사는 곧 갤럭시 노트7의 소지를 금지하거나 승객에게 착륙 시까지 기기 전원을 꺼두도록 요청했다. 삼성은 수개월 만에 해당 제품의 생산을 중단하고 250만 대를 리콜했다. 그러나 교체된 스마트폰마저 폭발하거나 발화했을 때, 삼성 고가 스마트폰의 세계 시장점유율은 35퍼센트에서 17퍼센트로 곤두박질쳤다. 삼성이 위기를 극복해가는 사이 아이폰의 고가 스마트폰 시장점유율은 48퍼센트에서 70퍼센트로 급증했고, 화웨이 등의 중국 휴대전화 제조사도 재빠르게 기회를 잡아 상당한 이득을 봤다.4 따라서 품질을 중요하게 생각해야 한다. 당신 기업의 제품이 훌륭하지 않으면 고객은 즉시 다른 구매자를 통해 그 사실을 알게 되며, 기업의 평판을 되찾기 어려울 수도 있다.

품질로 이기려면 고객이 거부할 수 없고 경쟁자가 따라올 수 없는 품질 기준을 정한 뒤 그 기준을 계속 향상하라. 기업 대부분이 품질은 고객이 접하는 최종 제품이나 서비스만을 의미한다고 잘못 생각한다. 품질로 성공하는 기업은 그보다 더 잘 안다. 그들은 품질을 위해 운영 전반을 최적화한다. 고객이 칙필레의 청결한 외양간을 보거나 냄새를 맡거나 직원들이 닭을 어떻게 다루는지 볼 일이 없을지도 모르지만, 그러한 것들은 고객이 칙필레의 맛있는 음식을 좋아하게 만드는 데 요리만큼 기여한다. 이런 일들은 기업이나 업계에서 오랫동안 유지한 인식에 대한 도전일 수 있다. 그러나 어쨌든 해야 한다.

당신의 기업이 변화할 필요가 없다고 느낀다면 스스로에게 다음의 질문을 던져보자.

- 고객은 당신의 제품과 서비스 품질을 어떻게 평가하는가?
- 임원은 품질을 얼마나 중시하는가? 임원은 품질을 게임 체인저로 보는가, 형식적인 요소로 보는가?
- 기업의 내부 조직은 품질 향상과 고객 만족을 위해 얼마나 열심히 노력하는가?

당신의 기업이 생존할지는 이 3가지 질문의 대답에 달려 있다. 광고나 제3자의 인정보다 구매 후기에 대한 신뢰가 더 높은 사회에서 승자는 품질을 높이기 위해 모든 노력을 다한다. 품질 향상은 솔직한 피드백을 받고 그 피드백을 바탕으로 제품을 개선하는 것에서 시작한다. 당신의 조직이 고객의 의견을 적극적으로 수용함으로써 경쟁자가 따라올 수 없는 표준을 확립하는 데 노력을 아끼지 않는다면, 당신은 품질이라는 무기로 성공할 것이다. 다음은 그 과정에 수반되는 단계들에 대한 설명이다. 구체적인 사항은 기업의 몫이다.

지금 품질에 집중하라

1980년대 많은 미국 기업이 품질이 우수한 일본 제품에 의해 큰 타격을 입었다. 그러나 미국 제조사(자동차 산업)는 그것이 주는 메시지를 이해하지 못했다. 그들은 가격으로 경쟁할 수 있다고 확신했다. 그래서 그들은 더 좋은 품질이 아닌 비용 절감으로 대응했다. 그 방법이 실패하자 수입품을 제한했다. 두 방법은 다 실패로 끝났고, 미국 제조업은 재기하지 못했다. 이는 미국 기업이 근로자에게 지나치게 많은 급여를 지급했기 때문이 아니라 품질에 전혀 관심을 기울이지 않았기 때문이다.[5]

현재 일부 미국 기업은 제품 품질을 개선했다. 그러나 그에 대한 대가는 있었다. 예를 들어 GM은 한동안 도요타에 뒤처졌다. 그러나 현재 GM은 성능이 향상된 자동차를 만들고 있다. GM은 자동차 전문 조사 기관인 JD파워^{JD Power}가 실시한 조사에서 여러 차례 수상했으며, 시승 결과는 GM 차의 성능이 수입차만큼 훌륭하다는 것을 보여준다. 그러나 GM 차는 점점 비싸지고 있고 도요타가 여전히 더 많이 팔린다.

그렇다면 정답은 무엇일까? 당신이 어느 산업에 속하건 경쟁사가 할 때까지 품질에 대한 집중을 미루지 말라. 지금, 먼저 품질에 집중하라. 고객이 원하는 것은 품질이다. 다른 회사가 하면 따라 하는 식으로는 고객을 되찾을 수 없다.

품질이 반드시 비싸지는 않다

밀레니얼 세대와 다른 세대는 최고의 제

품만을 원한다. 그러나 그들은 높은 가격을 지불할 생각이 없다. 심지어 애플 제품이라고 해도 말이다. 이것이 널리 알려진 사실임에도 많은 기업이 고객이 기대하는 품질과 규제가 요구하는 표준을 위해 비싼 공장과 설비에 투자한다. 물론 비싼 공장과 설비는 비용을 증가시킨다. 이는 잘못된 접근이며 효과적이지도 않다.

과도한 비용을 들이지 않고 품질을 달성하려면 틀에서 벗어난 사고를 해야 한다. 애플 제품이 왜 그렇게 비싸냐는 질문을 받았을 때 팀 쿡은 이렇게 대답했다. "우리는 '어떻게 아이팟iPod의 사양을 낮춰서 가격을 더 내릴 수 있는지'에 대해 이야기하는 대신 '어떻게 좋은 제품을 만들면서 49달러의 낮은 가격을 실현할 수 있을까?'라고 질문합니다." 어떤 사람들은 왜 애플이 맥 컴퓨터를 1,000달러 이하에 팔지 않는지 궁금하게 여긴다. 쿡의 대답은 다음과 같다. "솔직히 말하면, 그 방법을 연구해봤습니다. 그러나 우리의 결론은 그 가격으로 훌륭한 제품을 만들 수 없다는 것이었습니다. 그래서 그렇게 하지 않았습니다. 대신 우리는 아이패드를 개발했습니다.(…) 이제 갑자기 329달러의 가격에서 시작되는 놀라운 경험을 하게 됐습니다. 때로는 문제를 보는 방식이나 해결하는 방법을 달리해볼 수 있습니다."⁶ 이는 매우 유용한 조언이며, 아이패드는 훌륭한 아이디어였다.

다른 산업에서도 저렴한 가격에 좋은 품질을 실현하는 혁신적인 방법을 찾고 있다. 유럽 식료품 할인 마트의 성공 사례를 보자. 우리 대부분은 '할인'이라는 단어를 낮은 품질과 연관 짓는다. 그러나 유럽 식료품 할인 마트는 고객의 마음을 얻기 위해 다른 전략을 채택했다. 할인 마트 알디와 리들은 적은 수의 제품을 낮은 가격에 제공하는 데 중점을 뒀다. 첫 매장들은 규모가 작았고 저가 상품을 주로 취급하는 분위기였지만 고객의 발길이 꾸준히 이어졌다. 고객이 가성비가 있다고 느꼈기 때문이다. 2000년이 되자 알디와 리들은 고품질 제품을 경쟁 마트보다 더 저렴한 가격에 제공하기 시작했다. 그들의 제품은 일대일 테스트와 독립 품질 평가에서 브랜드 제품을 이겼다. 고객 설문 조사에서 쇼핑객들은 알디의 제품이 우유, 달걀, 통조림 식품, 냉동식품 같은 품목에서 자국 브랜드보다 가격이 훨씬 낮은데도 품질이 더 뛰어나다고 답했다.

그 뒤 두 회사는 유아식, 아침 식사 대용 시리얼 같은 가공식품과 개인용품, 뷰티 케어 제품에 이르기까지 서서히 제품군을 확대해나갔다. 일반적으로 고객은 달걀과 우유 같은 몇 개의 상품을 구입해보고 품질에 만족하면 곧 매장의 다른 상품들도 구입한다.

뒤이어 모든 소득 계층이 고품질 상품에 이끌려 매장의 단골 고객이 된다. 식료품 할인 마트는 더 큰 매장을 열고 더 다양한 상품을 제공한다. 이제 매장에서는 농산물과 매장에서 구운 빵을 제공하고 두 카테고리에서 일부는 유기농, 일부는 글루텐 프리를 판매한다. 많은 식료품 할인 마트가 냉동식품 섹션을 갖추고 다른 식품점과 비슷한 인상을 준다. 한편, 식료품 할인 마트는 경쟁 업체보다 더 나은 쇼핑 경험을 선사하기 위해 더 긴 매장 운영 시간, 더 빠른 계산 시간, 넓은 매장 공간, 편안한 조명을 제공하며 세심한 주의를 기울인다.

그뿐 아니라 할인 마트는 여전히 기존 식료품점의 자체 브랜드 Private-Label 제품보다 15퍼센트, 브랜드 제품보다 50퍼센트 낮은 가격을 유지한다.[7] 그게 가능한 비결은 할인 마트가 더 적은 종류의 제품을 취급하고 소수의 식품 제조사와 계약한 덕분이다. 또 대량 주문 덕분에 더 좋은 가격에 구매할 수 있었다. 알디와 리들은 최고의 품질을 위해 주로 지역 제조사를 이용한다. 예를 들면 파스타는 이탈리아에서 구매하는 식이다. 할인 마트는 또한 품질을 저해하지 않는 모든 범위에서 운영에 들어가는 비용을 줄인다.

밀레니얼 세대는 할인 마트의 성장을 견인했다. 대부분의 시장에서 밀레니얼 세대는 일반 식료품 마트보다 할인 마트를 선호한다. 앞서 언급했듯이 밀레니얼 세대는 브랜드에 관심이 없다. 그들은 본능적으로 일반 마트보다 할인 마트를 신뢰한다. 그런데 할인 마트가 낮은 가격을 유지하면서 품질이 더 좋은 제품, 더 다양한 제품 구색과 개선된 쇼핑 경험을 제공하자, 베이비 붐 세대와 X세대도 할인 마트에 가기 시작했다.

현재 식료품 할인 마트가 유럽 식료품 시장을 장악했다. 노르웨이, 독일, 덴마크에서 식료품 할인 마트는 50퍼센트의 시장점유율을 확보했다. 영국, 네덜란드, 아일랜드와 그 밖의 다른 유럽 시장에서 식료품 할인 마트는 빠르게 퍼지고 있다. 2000년 할인 마트는 아일랜드에 진출했고 2015년에는 시장의 25퍼센트를 점유했다(그림 22 참조). 알디와 리들이 영국에서 크게 성공을 거두자 일반 식료품 마트의 이윤은 5퍼센트에서 3퍼센트 이하로 감소했다. 할인 마트는 성장세를 이어갔다. 2017년 알디는 18개국에서 1만 개 이상의 매장을 보유했고 500억 유로(약 565억 달러) 이상의 매출을 올렸다. 리들은 유럽 28개국에 매장 1만 개를 보유했다.

현재 할인 마트는 미국 식품 소매시장에 타격을 주기 시작했다. 1976년 알디는 미국에 첫 매장을 열었다. 2017년에 미국 내 알디 매장은 1,700개가 되었고, 2022년까지 800개 매장을 추가할 계획이다. 리들은 2018년 중반까지 미국 동부 해안 지역에 53개 매장을 열었다. 할인 마트가 늘어날 때마다 미국 소비자는 고품질 제품의 혜택을 누린다. 가격대가 높은 홀푸드Whole Foods와 다른 식료품 마트는 경쟁할 준비가 돼 있을까? 알디와 리들은 높은 품질과 낮은 가격으로 미국 식료품 시장을 점령할 가능성이 높다. 이는 월마트가

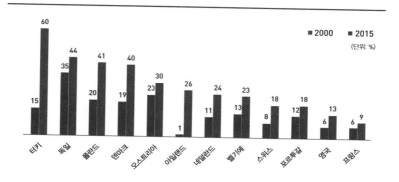

그림 22 | 유럽 할인 마트의 시장점유율. 출처: 플래닛 리테일, 표, 뢴 제이콥슨 외, '할인 마트가 식료품 산업을 어떻게 바꾸고 있는가', BCG, 2017년 4월 11일, https://goo.gl/7b9jvn.

추구하는 "날마다 낮은 가격"보다 더 좋은 전략이다.

품질은 모든 산업에 필수다

사람들 대부분은 '품질'이 제품에만 해당한다고 생각한다. 그러나 품질은 서비스에도 적용된다. 모든 산업에서 예를 찾을 수 있다.

예를 들어 카타르항공Qatar Airways은 품질에 주력했고 자신들보다 업력이 훨씬 오래된 경쟁 항공사로부터 비즈니스석 승객을 끌어왔다. 영국 항공 평가 기관 스카이트랙스Skytrax는 카타르항공을 7년 연속 세계 최고의 항공사로 선정했다. 카타르항공은 '월드 베스트 비즈니스 클래스'와 '베스트 항공 혁신' 등 다수의 상을 받았다. 심지어 카타르항공화물Qatar Airways Cargo까지 '올해의 글로벌 화물 항공사상'을 수상했다.[8] 카타르항공은 품질을 진지하게 생각하는 것이 분명하다! 카타르항공은 비즈니스석 승객에 집중해 그들에게 공간, 각종 첨단 기술, 완전히 평평하게 눕힐 수 있는 좌석과 같은 고급 서비스를 제공했다. 일등석 승객은 더 많은 호화로움을 누린다. 어떤 승객은 전용기를 탄 것 같다고 말한다. 일등석과 비즈니스석에서 카타르 승객은 모두 먹고 싶을 때 식사를 한다. 승무원이 아닌 승객의 편의에 따른 것이다. 다른 항공사가 무료 식사를 폐지하고 있지만 카타르항공은 "기내식의 새로운 시대"를 약속했다. 서비스는 공항까지 이어진다. 도하국제공항은 세계 6위 공항으로, JFK국제공항의 절반에 해당하는 승객을 수용하지만 비행기의 86.34퍼센트가 일정대로 이륙한다.

카타르항공은 계속해서 표준을 향상하고 있으며, 다른 항공사들은 그 기준을 따라가기 버거워한다. 2017년 인접 국가에서 공항 이용을 거부하는 사태가 발생했지만 카타르항공의 매출은 10.4퍼센트, 이익은 21.7퍼센트 증가했다.[9] 그러나 현시대에 이들 중 어느 것도 충분하지 않다. 세계 1위인 카타르항공도 계속 발전해야 한다. 그렇지 않으면 다른 신생 기업이 등장해 시장점유율을 잠식하기 시작할 것이다.

카타르항공이 서비스를 향상할 수 있는 한 가지 방법은 이코노미석 승객에게 더 많은 서비스를 제공하는 것이다. 그렇지 않으면 싱가포르항공Singapore Airlines처럼 이코노미석 승객에게 더 많은 서비스를 제공하는 경쟁 항공사가 카타르항공의 고객을 빼 가기 시작할지도 모른다. 싱가포르항공은 잘 교육된 승무원을 이코노미석에 배치한다. 또 이코노미석 승객에게 좋은 음식과 편안한 좌석을 제공한다. 싱가포르항공은 경제적 지위, 나이, 탑승 좌석에 관계없이 모든 고객이 품질을 중요시한다는 사실을 알고 있다.

최고가 되는 것만으로는 충분치 않다. 어느 기업이건 최고의 자리를 유지해야 한다. 카타르항공의 경우 이는 비즈니스석 승객만큼 이코노미석 승객을 잘 대접하는 것을 의미한다.

품질은 주관적이다

모든 고객이 품질을 중시하지만 품질에 대한 정의는 저마다 다르다. 한 세그먼트의 고객에게는 높은 품질이 다른 세그먼트의 고객에게는 평범한 수준일 수도 있다. 예를 들어, 비즈니스석 승객은 비행 중 편안한 좌석, 쾌적한 화장실, 맛있는 음식, 훌륭한 서비스를 기대한다. 항공사 대부분이 이코노미석 승객에게 제공하는 서비스를 고려할 때 이코노미석 승객 대부분은 비즈니스석 수준의 서비스를 받으면 감격할 것이다. 그러나 카타르항공은 이를 개의치 않았다. 그들은 이코노미석 승무원을 비즈니스석 승무원만큼 철저하게 교육하지 않았다. 이코노미석 기내식은 평균 수준에 그쳤다. 결국에는 그 점이 카타르항공에 타격을 줄 것이다. 싱가포르항공은 이코노미석 승객을 매우 잘 대우하기 때문에 사람들은 프리미엄 가격도 지불할 의사가 있다.

항공사뿐 아니라 모든 기업은 모든 고객 세그먼트의 니즈를 만족시켜야 한다. 그렇게 하지 않으면 경쟁사가 할 것이다. 안드로이드 기기가 적절한 예다. 2005년 안드로이드를 인수한 구글은 늦은 시장 진입을 만회하기 위해 안드로이드 플랫폼을 모든 스마트폰 제조사에 무료로 제공해 안드로이드 사용을 유도했다. 밀레니얼 세대와 기술을 잘 다루는 고객은 커스텀하기 쉬운 안드로이드 기기를 좋아했고, 아이폰보다 사진 촬영, 앱 이용, 문자 입력, 이메일 확인, 길 찾기가 더 편리하다는 점에 열광했다. 아이폰이 베이비 붐 세대와 기계에 능숙하지 못한 사람들에게 여전히 인기인 반면 안드로이드 폰은 젊은 층에게 더 인기가 있다.

시장조사 기관 가트너Gartner의 추산에 따르면, 2015년 안드로이드는 전 세계 제조사가 출고하는 휴대전화, 노트북, 태블릿을 포함한 모든 휴대 기기 운영 체제의 54퍼센트를 점유했다. 애플의 iOS와 윈도의 점유율은 각각 12퍼센트에 지나지 않았다. 자사의 휴대전화가 품질 전쟁에서 패했음을 깨달은 마이크로소프트는 결국 윈도 폰 사업을 접었고, 현재 최대 전자 기기 시장인 스마트폰 시장에서 자취를 감췄다. 고객과 제조사가 정의하는 품질이 서로 다르다는 사실을 마이크로소프트가 더 일찍 깨달았더라면 윈도는 여전히 스마트폰 시장에서 잘 버티고 있었을지도 모른다.

고객이 거부할 수 없는
표준을 만들어라

고객은 자신들의 니즈가 충족되는 것에 관심이 있는 반면, 대부분의 제조사는 규제 표준을 준수하는 데 관심이 있다. 그러나 규제 표준은 언제나 변화하는 고객 니즈보다 몇 단계 뒤처져 있다. 그렇기 때문에 단지 규제 표준에 부응하는 것으로는 충분하지 않다. 미국에는 인터넷 기업에 대한 규제가 없는 반면, 페이스북은 사생활 침해 문제로 유럽과 젊은 층 가입자를 잃고 있다. 한편, 애플은 사용자 사생활 보호 정책을 적극 홍보함으로써 고객의 신뢰를 얻고 있다. 다른 예로, 워싱턴 정계는 여전히 지구온난화의 진실에 대해 공방을 벌이고 있는 가운데, 밀레니얼 세대는 (다른 세대도) 친환경 제품을 원하고 있다. 고객의 관점에서 품질을 생각해야 한다. 그런 다음 어떻게 표준을 향상하고 자신만의 새로운 표준을 실현할 수 있을지 생각해야 한다.

앞서 언급했듯이, 고객의 니즈는 계속 변한다. 자족하지 말자. 계속해서 고객이 인정하는 표준을 만들라. 업계에서 당신을 차별화하는 표준을 만들라. 예를 들어, 사우스웨스트항공은 모든 미국 항공사 중 가장 높은 고객 충성도를 자랑한다. 사우스웨스트항공은 이코노미석만 제공한다. 고객은 사우스웨스트항공 직원이 자신들을 얼마나 잘 대우하는지, 그리고 얼마나 쉽게 그들과 소통할 수 있는지 극찬한다. 이는 사우스웨스트항공이 직원을 잘 대우하기 때문이다. 사우스웨스트항공은 직원과 고객을 소중히 여기고 계속해서 고객을 행복하게 만든다.

사우스웨스트항공 직원은 고객의 비행을 편안하고 즐겁게 만들기 위해서라면 무슨 일이든 가리지 않는다. 모든 서비스 산업은 사우스웨스트항공 직원을 본보기로 삼아야 한다. 당신이 서비스업에 종사하고 있다면 고객은 당신의 직원이 자신들을 얼마나 잘 대우하는지에 따라 당신의 기업을 평가할 것이다. 애플, 구글, 디즈니, 스타벅스 등의 기업은 고객이 거부할 수 없는 표준을 만들기 위해 노력을 아끼지 않았고, 그 결과 품질로 인정받는다. 그들은 계속해서 표준을 향상하고 있다. 성공적인 B2B(기업 간 거래) 기업도 마찬가지다.

그러나 기업마다 생각하는 품질 향상의 가치는 매우 다르다. 많은 기업이 품질 향상을 고객의 관점이 아닌 자신들의 관점에서만 생각한다. 예를 들어, 생물학적 오염과 미립자 오염은 환자들에게 심각한 걱정거리다. 의료 기기 업계가 생물학적 오염 문제를 해결했지만, 미립자 오염은 여전히 제약계에서 심각한 오염의 원인이 되고 있으며, 환자를 치료하는 데 있어 상당한 위험 요소로 남아 있다. 만약 미립자 오염을 현저히 줄이거나 없앨 수 있는 회사가 있다면 미립자로 인해 환자에게 심각한 알레르기 반응이 일어날 위험을 크게 줄여 상당한 경쟁 우위를 갖게 될 것이다.

그렇다고 해도 의료 기기 회사는 미립자가 전혀 없는 제품을 만들기는 불가능하다고 생각했다. 그런데 우리 고객사이자 바이알(주사 용액이 든 작은 유리 용기-옮긴이) 마개를 만드는 작은 회사 메디데비MediDevi가 도전해보기로 했다. 바이알이 오염되면 대체로 간호사는 용액에 떠다니는 작은 입자를 발견하고 바이알을 통째로 버린다. 그 결과, 폐기되는 약과 제품 리콜로 제약 회사에 수백만 달러의 비용이 발생한다. 단지 몇 센트에 불과한 뚜껑 때문에 생기는 일이다!

메디데비는 수십 년 전 개발된 기계 공정을 통해 마개를 제작했다. 마개 속 플라스틱, 보푸라기, 먼지 또는 마개에 붙은 머리카락 같은 미립자에 대한 고객 불만이 계속 접수되고 있었다. 이런 입자들은 자주 바이알에 든 용액을 오염시키고 환자에게 알레르기 반응을 일으켰다. 게다가 폐기되는 약과 의약품 리콜로 수백만 달러의 비용까지 발생했다. 메디데비 영업 팀은 제약 회사와 개선된 마개를 쓰는 장점에 대해 논의한 뒤 바이알에 유입되는 미립자를 차단하는 마개를 개발하기로 했다.

메디데비는 미립자의 유입을 차단하는 마개가 업계의 판도를 바꿀 수 있다고 생각했다. 메디데비는 미립자 오염을 제거하는 데서 발생하는 가치와 비용을 계산해달라고 우리 회사에 요청했다. 미국 식약청Food and Drug Administration, FDA 의학 연구와 보고서 분석 결과, 우리는 줄어든 컴플라이언스(리콜) 및 환불 리스크가 미립자 없는 마개 제작과 공급망에 들어가는 비용을 상쇄하고도 남는다는 것을 알게 됐다. 이익은 의약품 가격에 따라 달랐다. 약이 비쌀수록 돌아오는 이익이 더 컸다(그림 23 참조). 우리의 분석에 따르면, 비싼 의약품의 경우 고무마개의 비용은 42퍼센트 증가했지만, 컴플라이언스 리스크 비율 감소(마개 비용의 269퍼센트)와 반품 청구율(마개 비용의 73퍼센트) 감소에 따른 이익은 그 비용을 상쇄하고도 남았다.

재고 보관과 처리 비용 감소에 따른 이익은 미미했으나 전반적으로 고무마개 비용의 315퍼센트를 절감할 수 있었다. 즉, 품질 향상 전에 제약 회사가 고무마개에 1,000만 달러를 투자하면 고무마개 비용은 420만 달러가 더 들지만 향상된 품질 덕분에 제약 회사는 3,150만 달러를 절감할 수 있다. 우리 회사의 추산에 따르면, 전반적으로 중가 의약품의 경우 185퍼센트, 저가 의약품의 경우 41퍼센트의 비용 절감 효과가 예상됐다.

그러나 메디데비의 공급망 담당 부서는 처음에 이런 이점을 이해하지 못했다. 그들은 비용을 줄이고 생산량을 증대하는 데 관심이 있었지만 미립자 오염을 줄여야 할 유인을 못 느꼈다. 또 미립자 오염을 제거하는 데 집중하려면 처음부터 최고의 품질이 아닌 최대치의 제품을 생산하기 위해 설계된 공장을 근본적으로 바꿔야 했다. 그러나 메디데비가 변화를 밀어붙인 결과 불가능이 가능하게 됐다. 메디데비는 오염 방지 마개 생산에 성공했다. 고객은 주문을 멈출 수 없었다. 메디데비의 매출은 급증했고, 경쟁 업체는 메디데비의 높은 품질을 따라잡기 어렵다고 느꼈다. 경쟁 업체는 상당량을 반품 처리해야 했고, 더는 그 과정을 지속할 수 없다고 판단했다.

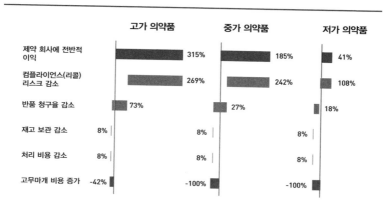

그림 23 ㅣ 미립자 오염 감소에 따른 제약 회사 이익. 고무마개 비용 대비 백분율로 제시. 출처: 스리에스컨설팅.

생산량이 아닌
제조 공정을 최적화하라

대부분의 제조 운영 체계는 품질보다 생산량을 중시하고 100년 된 품질관리 체계를 따른다는 점에서 의료 기기 산업과 비슷하다. 품질관리는 제조 과정의 일부지만 뒷전인 경우가 많다. 품질 검사는 각 공정의 최종 단계에서만 이루어진다. 설계 신조는 한 공장에서 가능한 한 많은 생산량에 도달하는 것이다. 비용을 낮추는 게 목적이다. 그 결과, 최소 기준에 못 미치는 제품은 품질 검사 중 탈락하면 버려지거나 수리된다는 가정하에 많은 저품질 상품이 생산된다.

그러나 제조 공정의 최종 단계에서 실시하는 품질 검사에만 의존하고 각 단계에서 간단한 점검만 한다면 불량이 발생할 수 있다. 삼성 갤럭시폰 폭발 사례에서 보듯이 소수의 불량도 대표 제품에 치명타를 가하고 회사의 평판에 영원한 오점을 남길 수 있다. 또 검사 공정이 자동화된다고 해도 모든 제품을 일일이 검사하려면 현실적으로 비용이 너무 많이 든다. 비록 그렇다 할지라도 검사 과정에서 발견하지 못한 저품질 제품은 리콜이나 아마존과 소셜 미디어상의 부정적 후기를 초래한다. 리콜과 부정적 후기의 여파는 오래 지속된다.

단 하나의 저품질 제품도 생산하지 않는다는 철학이 있어야 한다. 이를 위해 제조에 대한 마음가짐이 달라져야 한다. 이는 자신만의 새로운 고품질 기준에 맞는 제품만 생산할 수 있도록 제조 공정을 다시 설계하는 것을 의미한다. 이는 제조 공정 마지막 단계의 검사에만 의존하는 것과는 전적으로 다르다. 단기간에 변화하기 어렵고 큰 비용이 든다고 해도 이제는 변화해야 할 때다.

메디데비가 좋은 예다. 일련의 실험을 통해 제조 과정에서 일단 오염원이 유입되면 클린룸(무균실)과 같은 첨단 장비를 사용해도 오염원을 제거하기 어렵다는 사실이 밝혀졌다. 메디데비는 결국 제조 공정을 완전히 바꿨고, 마침내 미립자를 차단하는 마개를 개발했다.

메디데비는 대부분의 기업이 깨닫지 못하는 교훈을 얻었다. 공정의 마지막 단계가 아닌 문제의 근원에서 품질 문제를 해결해야 한다는 것이다. 그것이 문제를 해결하는 유일한 방법이다. 메디데비의 경우, 제조 공정 최종 단계의 클린룸 환경은 오염 수준을 낮추는 효과가 거의 없었다(그림 24 참조). 우리는 실험에서(10제곱센티미터 구역에서) 크기가 25미크론micron(100만분의 1미터-옮긴이) 이상인 미립자 수는 몰딩 단계에서 2개, 절단 단계에서 17개, 세척 단계에서 21개, 클린룸/최종 세척 단계에서 19개라는 결과를 얻었다. 우리는 실험을 통해 두 가지 중요한 사실을 알게 됐다. 첫째, 절단 공정에서 오염원이 유입된다는 것과 둘째, 세척 공정으로 오염 입자가 제거되지 않으며 오히려 더 증가한다는 것이다. 메디데비는 절단 및 세척 공정 중에 유입되는 오염 입자를 막아야 했다.

메디데비가 절단과 세척 공정을 바꾸고 품질을 위해 생산을 최적

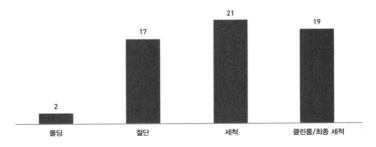

10제곱센티미터 구역당 25미크론 이상의 입자 수

몰딩	절단	세척	클린룸/최종 세척
2	17	21	19

그림 24 | 각 제조 단계 이후 미립자 오염. 출처: 스리에스컨설팅.

화한 결과, 실제로 비용이 절감된다는 사실이 드러났다. 버려지는 마개가 많이 감소하고 검사도 훨씬 수월해졌기 때문이다. 메디데비는 품질에 집중함으로써 고객을 만족시키고 경쟁사를 앞지르고 중간이윤을 증대했다.

그러나 오늘날 기업 대부분은 사고의 틀을 바꾸지 않는다. 기업은 생산 처리량에만 주력한다. 그들은 여전히 더 많이 생산할수록 생산 비용이 감소하고, 이로써 고객을 더욱 만족시킬 수 있다고 생각한다. 이는 더 이상 사실이 아니다. 생산량에 치중하면 저품질 제품이 나오게 되고, 이는 리콜과 부정적인 후기로 이어질 위험이 있다. 저품질이 초래하는 비용은 크다. 더 좋은 접근법은 제품이 계속해서 품질 기준에 부합하도록 품질을 위해 제조 공정을 최적화하는 것이다. 놀랍도록 저렴한 비용으로 반품률 제로의 고품질 제품을 생산하는 것이 가능하다. 생산량 때문에 제조 공정을 최적화하는 것은 금전적인 관점에서 전혀 타당한 결정이 아니다.

업계 표준에 과감히 도전하라

대부분의 기업 제조 공정은 품질 기준의 향상이 거의 없는 업계 표준을 따른다. 업계 표준을 따르면 일정 기간은 도움이 된다. 그러나 경쟁력을 유지하려면 기업이 따르는 표준이 변화하는 고객의 니즈에 부합하는지 계속 검토해야 한다. 그런데도 기업 대부분이 고수하는 제조 공정으로는 고객의 새로운 니즈에 부합하는 제품을 생산할 수 없다. 한편 기업이 새로운 니즈를 따라가지 못한다는 사실을 인지해도 고객의 니즈를 반영한 새로운 시스템을 설계하기보다는 대부분 기존 시스템을 자동화하는 데 그치고 만다.

예를 들어, 메디데비는 막대한 비용을 들여 제조 공정에 고객사가 요구하는 클린룸과 무균복을 갖췄다. 고객 제약사는 제조 공정에 만족했다. 그러나 이 조치는 품질을 향상하거나 미립자 오염을 줄이는 데 전혀 도움이 되지 않았다. 제약사가 효과를 본 조치가 공급업체에는 효과가 없었다. 처음 메디데비가 미립자 오염 문제를 해결하려고 시도했을 때, 그들은 일본 동종 기업에 견학 팀을 보냈다. 일본에서 돌아온 견학 팀은 수백만 달러의 비용을 들여 첨단 자동화 시설에 투자할 것을 제안했다. 그러나 첫 결과에서 눈에 띄는 품질 향상은 없었다. 메디데비는 이미 일본의 동종업체나 완전 자동 제조보다 품질이 뛰어난 마개를 생산하고 있었다. 메디데비는 품질 향상에 창의적으로 접근할 필요가 있었다.

문제를 연구하던 메디데비는 널리 인정받는 많은 업계 표준이 큰 의미가 없다는 사실을 깨달았다. 물 세척은 제약업계에서 전통적인 세척 공정이었다. 그러나 분석 결과, 물 세척이 생물학적 오염에는 적합하지만 미립자 오염은 증가시키는 것으로 드러났다. 물 세척에 따른 마찰로 더 많은 미립자가 발생했다. 따라서 메디데비는 최종 단계에서 물 세척을 공기 세척으로 바꾸는 것을 시도했다. 공기 세척이 미립자를 더 효과적으로 제거했다. 또 직원의 가운 착용과 간단한 위생 및 세척 규칙 준수를 의무화하는 상식적인 수준의 개선을 통해 매우 비싼 업계 표준인 클린룸과 동일한 수준으로 미립자 오염을 줄일 수 있었다. 처음에 메디데비의 제조 팀은 너무 급진적인 변화라며 반발했다. 그러나 일단 시도하고 난 뒤 결과를 확인하고는 확신을 얻었다. 고객사도 미립자를 차단하는 마개에 만족했다.

업계 표준에 도전함으로써 제품의 품질을 향상할 수 있다면 변화를 시도하라. 규제 당국이나 고객은 결과를 보고 반론을 제기하기 어려울 것이다. 또 경쟁자는 당신을 쉽게 따라잡을 수 없을 것이다.

공급망을 생각하라

지금까지 기업은 자체 기준으로만 품질을 측정하고 테스트해왔다. 예를 들어, 도요타, 혼다 및 다른 자동차 제조사들은 자체 제조 과정의 품질에만 집중하고 타카타Takata가 납품하는 에어백의 품질을 철저하게 테스트하지 않았다. 치명적인 실수였다. 타카타 에어백이 부풀어 나오는 즉시 터져 20명이 사망했다.[10]

사슬의 강도는 가장 약한 고리의 강도가 결정한다. 공급망의 경우 더욱더 그렇다. 타카타 에어백 사고에서 알 수 있듯이, 공급망의 전 단계에서 제품의 품질이 좋아야 한다. 에어백 폭발로 도요타, 혼다 및 다른 자동차 제조사들의 명성에 금이 갔다. 혼다 임원은 의회에서 증언해야 했고, 리콜 관련 비용으로 이익 전망치를 4억 달러 이상 하향 조정하고 CEO들의 사임을 종용해야 했다.

더 높은 품질 기준을 달성하려면 공장 내부의 품질 기준만 유지하는 것으로는 충분하지 않다. 기업은 협력 업체와 고객과 협력해야 한다. 메디데비는 고객 제약사가 공정을 바꾸기 전까지 제조 시설 내부에서 품질을 향상하는 모든 조치를 했지만 오염을 제거할 수 없다는 사실을 깨달았다. 메디데비의 고객 제약사는 마개는 물론이고 들어오는 모든 제품을 열어 검사했다. 제약사는 마개를 바이알에 다시 장착하기 전에 검사하고 세척했다. 그 결과, 바이알 상자가 열리고 청결하지 않은 창고 환경에 노출되는 순간, 깨끗한 마개를 만들기 위한 노력이 물거품이 됐다. 마개를 깨끗하게 유지하는 유일한 방법은 마개를 검사하는 과정 없이 제약사 제조 단계에 즉시 포함되게 하는 것이다. 제약사로서는 엄청난 변화였고 반대 의견도 있었다. 메디데비는 타협안으로 페덱스로 샘플을 보내 검사할 것을 제안했고, 양측이 모두 동의했다.

제조 공정 최적화와 변화를 통해 2년간 오염 수준이 100배 감소했다. 메디데비는 고품질 제품으로 전에 없던 새로운 시장을 개척했고 관련 매출원도 얻었다. 처리량 감소로 고객사가 부담하는 비용이 증가했지만 그들은 기꺼이 비용을 감당했다. 전반적인 비용 감소와 환자가 누리게 된 혜택은 말할 수 없이 컸다. 경쟁 업체는 기계와 공정에서 겉으로 보이는 변화를 모방하려 했지만 메디데비의 고품질 표준을 달성할 만큼 전체적인 공정을 미세하게 수정하지는 못했다. 메디데비는 고객의 니즈에 집중한 데다 전체 공급망에 걸쳐 개혁을 단행할 용기를 낸 덕분에 성공할 수 있었다.

기업이 운영에만 집중해서 품질을 향상하기란 불가능하다. 고객과 협력 업체를 제조 시스템의 한 부분으로 여길 때만이 더 높은 수준의 품질에 도달할 수 있다.

지속적으로 품질을 개선하라

앞서 언급했듯이 상품과 서비스를 구매하기 전 아마존이나 다른 웹 사이트에서 구매 후기를 읽는 고객이 점점 많아지고 있다. 그들은 제품의 성능, 서비스, 품질 문제를 확인하고 싶어 하고 기업의 주장이나 광고보다는 다른 구매자의 후기를 신뢰한다. 이런 환경에서 모든 상품과 서비스는 고객의 필요를 얼마나 잘 충족했는지에 따라 그 자체의 장점으로만 평가된다. 긍정적인 구매 후기로 재구매 고객을 확보하고 신규 고객을 유치하는 확실한 방법은 품질을 향상하는 것이다.

모두가 잘 아는 사실임에도 기업의 임원들에게 품질은 여전히 형식에 불과하다. 기업의 품질이 경쟁 기업에 버금간다면 임원들은 주가를 올릴 수 있는 다른 전략에 집중한다. 폭스바겐Volkswagen이나 타카타 같은 일부 기업은 고객과 규제 당국에 성능을 속이다가 들통났다. 폭스바겐처럼 사랑받던 기업이라도 그런 사건이 발생하고 나면 명성과 고객의 신뢰를 회복하기 어렵다. 폭스바겐의 판매량은 배출량 조작 스캔들 이전 수준을 회복하지 못했다.

식료품 할인 마트와 국제항공사를 비롯한 다른 기업들은 품질을 무기로 경쟁 업체의 고객을 빼내고 있다. 이런 기업은 품질이 좋은 제품이 더 비싸고 자동화로 품질을 어느 정도 향상할 수 있다는 통념을 뒤집었다. 할인 마트는 더 낮은 가격으로 더 높은 품질을 제공할 수 있다는 것을 보여줬다. 많은 대용량 저가 와인이 품질로 승부하고 있다. 대량생산 덕분에 일관성 있고 더 수준 높은 품질을 달성할 수 있었다.

고객은 또한 비싼 광고가 아닌 구매자의 후기를 통해 품질을 조사했다. 구매 후기는 전문 기업의 리뷰와 다르고 훨씬 자주 바뀐다. 노이즈 캔슬링 헤드폰 사례를 보자. 노이즈 캔슬링 헤드폰은 점점 더 많은 사람이 기내에서 음악을 들을 때, 오픈형 사무실에서, 심지어 잔디를 깎을 때 사용하면서 인기가 높아지고 있다. 보스Bose와 소니Sony는 비슷한 가격대의 업계 선두 제조사다. 제3자 평가 기관은 음질과 기능 면에서 보스보다 소니에 계속 높은 점수를 주고 있다.

그러나 아마존의 구매 후기를 보면 이야기가 다르다. 소비자는 소니 헤드폰이 자주 고장 나기 때문에 보스 헤드폰을 선호한다. 게다가 소비자는 고장이 잦은 헤드폰에 300달러를 더 지불할 의사가 없다. 보스 헤드폰은 고장이 잦지 않고 소니만큼 음질이 좋지는 않지만 착용감은 더 좋다. 소니는 보스를 따라잡기 위해 노력하고 있다. 하지만 보스는 알렉사Alexa 음성 인식 등의 새로운 기능을 도입해 기존 고객뿐 아니라 신규 고객의 유치에서도 소니보다 앞서가고 있다. 품질로 승부를 겨룰 때 해야 할 일이 바로 이런 것이다. 고객 만족을 지속하기 위해 계속해서 품질을 개선하라.

7장

지금까지의
전략을
모두 버려라

CUSTOMER-DRIVEN
DISRUPTION

당신과 당신의 전략이 고객과 함께 진화
하지 않으면 지금 당신을 탁월하게 만들어주는 것들이 나중에도 당
신을 탁월하게 만들어준다는 보장은 없다. 이 책에서 소개한 전략
1부터 4도 마찬가지다. 고객의 니즈가 변하고 있는데 이 책에 나온
전략을 고수하는 것은 실패의 원인이 될 수 있다. 고객과 고객에 대
한 관심이 모든 것을 결정한다. 고객의 니즈가 변하면 당신의 전략
도 변해야 한다. 이 책에서 또는 역대 경영 베트스셀러《좋은 기업
을 넘어…위대한 기업으로Good to Great》 또는 《초우량 기업의 조건In
Search of Excellence》에서 언급된 GE, IBM, 코카콜라 등의 일부 기업들
은 고객에게 더 이상 집중하지 않고 스스로 개혁하기를 중단한 결
과 사멸될 위기에 놓여 있다.

제프 베이조스는 이렇게 말했다. "당신의 주요 고객층이 당신과

함께 늙어간다면 당신도 결국 시대의 흐름에 뒤처지거나 설 자리를 잃게 될 것입니다. 당신은 새로운 고객이 누구인지, 그리고 계속 젊은 감각을 유지하려면 무엇을 해야 하는지 끊임없이 고민해야 합니다."[1] 위대한 기업은 현재와 미래의 고객 니즈에 집중한다. 기존 고객을 기쁘게 하는 것만으로는 부족하다. 미래의 고객에게도 감동을 줄 수 있어야 한다. 또 새로운 고객이 누가 되든 그들을 감동시켜야 한다. 당신 역시 계속해서 진화하지 않으면 실패할 것이다. 창립 100주년이 넘는 기업이 지금까지 살아남은 경우가 1퍼센트가 채 되지 않는 것도 같은 이유다.

무슨 일이든 미래를 예측하기란 어렵다. 원하는 것이 계속 변하는 고객의 경우 특히 더 그렇다. 미래를 예측할 수 있는 유일한 길은 고객의 니즈에 부합하는 전략을 구축하는 법을 터득한 뒤 계속해서 그 전략을 발전시키는 것이다. 이는 조직 전체가 고객의 니즈가 발생할 때, 심지어 발생하기도 전에 니즈를 발견하고 대응할 준비가 된 경우에만 가능하다.

지금까지 이 책에서 다룬 전략들을 단 한 번만 실행하는 것으로는 효과를 볼 수 없다. 이 전략들을 반복해서 연구하고 수정해야 한다. 또 지속적인 고객 만족을 위해 처음부터 완전히 다시 시작하는 용기를 내야 한다. 이는 기업 대부분이 어렵다고 느끼는 부분이다. 그들은 많은 고객이 이탈하는 와중에도 변화하지 않는다. 일부 기업만 변화하는 고객 기호에 따라 진화하는 요령을 터득해 진화를 거듭하고 있다.

디즈니의 사례를 보자. 미키마우스, 도널드 덕, 신데렐라 같은 캐릭터들이 등장하는 디즈니 장편 만화는 1940년대, 1950년대, 1960년대까지 대단히 인기였다. 그러나 1950년대 후반부터 어린이들은 만화 캐릭터에 큰 흥미를 느끼지 못했다. 따라서 디즈니는 〈올드 옐러Old Yeller〉와 〈페어런트 트랩The Parent Trap〉 같은 영화를 만들었고, 두 영화는 큰 인기를 끌었다(베이비 붐 세대가 여전히 좋아하는 영화다). 사람들의 취향이 계속 바뀌자 디즈니는 그 흐름에 맞추어 변화해 2006년에 픽사Pixar를, 2009년에 마블엔터테인먼트Marvel Entertainment를, 2012년에는 〈스타워즈〉와 〈인디아나 존스〉 시리즈로 대표되는 루카스필름Lucasfilm을 인수함으로써 X세대와 밀레니얼 세대의 마음을 사로잡았다. 마블 시리즈와 〈스타워즈〉는 프랜차이즈 영화 사상 최대 수익을 기록했다. 또 디즈니는 새로운 놀이 기구를 추가하고 운영에도 신경을 써서 디즈니랜드가 시대의 흐름을 따라가도록 노력했다. 디즈니 테마파크를 방문하는 고객의 70퍼센트는 재방문 고객이다.

디즈니처럼 진화하는 기업은 극히 드물다. 앞서 언급했듯이 100년 이상 운영되는 미국 기업은 단 1퍼센트에 불과하다. 생존한 기업조차 모멘텀을 유지하고 젊은 층의 마음을 얻으려고 고군분투한다. 디즈니는 개혁을 거듭하고 고객을 기쁘게 하는 역량이 뛰어나다.

당신의 기업이 이런 측면에서 디즈니와 비슷한지 알아보기 위해 스스로 아래의 질문을 해보자.

- 당신의 기업은 미래의 고객을 어떻게 기쁘게 할 것인가? 어떤 니즈를 해결하고, 어떤 전략을 사용할 것인가?
- 미래의 고객 니즈를 파악하고 대응하기 위해 어떠한 조직적 역량을 갖췄는가?

당신이 이 두 질문에 바로 답하지 못한다면 현재 얼마나 성공했는지와 상관없이 당신은 결국 고객과 시장점유율을 잃게 될 것이다. 당신이 제공하는 상품과 서비스가 무엇이건 성공을 지속하는 유일한 방법은 계속해서 고객을 만족시키는 것이다. 이를 위해 당신은 전략을 계속 발전시키고 모든 구성원이 전략의 중요성을 인식하게 만들어야 한다.

전략을 실행하려면 고객을 만나는 최전방 부서에 고객을 위해 결정을 내릴 권한을 주고, 전 조직 차원에서 디테일에 집중해야 한다. 디즈니가 항상 그렇게 해왔다. 디즈니는 미래의 고객 니즈를 잘 이해하고 기존 고객과 신규 고객을 계속 만족시키고, 고객 지원 부서에 권한을 주고, 모든 곳에서 디테일에 관심을 기울였다.

당신이 사고방식을 바꾸고 이 3가지를 이행하지 않는다면 당신은 진화할 수 없다. 결국 기업의 수명은 끝날 것이다.

변화하는 고객 취향을
따라잡는 기업이 성공한다

오늘날 고객은 새로운 니즈를 빨리 만들어내고 기존 니즈는 쉽게 잊는다. 고객 니즈에 발맞춰 지금 고객이 원하는 것은 물론 앞으로 고객이 원하게 될 것을 파악하기도 쉽지 않다. 현재의 유행이 결코 내일 그대로 유지되지 않는다. 5장에서 봤듯이 고객이 여전히 당신이 제공하는 것과 비슷한 상품과 서비스를 구입하고 있다면, 당신은 충분히 신속하게 대응할 수 있다. 그러나 고객의 마음이 변했고, 심지어 당신이 제공하지 않는 전혀 다른 것을 원한다면 어떻게 해야 할까?

유기농 우유에 집중했던 낙농가에 닥쳤던 일이다. 사람들은 유기농 우유가 밀레니얼 세대에게 인기 있을 것이라고 생각한다. 처음엔 정말 그랬다. 건강에 관심이 많은 소비자는 유기농 우유 소비를 견인했고 2010년부터 2015년까지 유기농 우유 판매량은 22.5퍼센트 증가했다.[2] 그 결과, 제조업체는 생산 역량을 확대하고 유기농 우유 가격을 인상했다. 그때 고객은 아몬드 우유와 코코넛 우유가 더 건강에 좋고 저렴하다고 판단했다. 시장에 유기농 우유 공급과잉이 발생했고, 100파운드(45킬로그램)당 가격이 2016년 40달러에서 2017년 27달러로 떨어졌다. 유기농 우유 소비도 계속 감소했다. 2017년 11월 25일까지 52주간 유기농 우유 판매량은 2.5퍼센트 감소했지만 스페셜티 우유와 우유 대용품의 판매량은 각각 10.5퍼센트와 2.9퍼센트 증가했다(그림 25 참조).

전 세계 소비자는 유기농 우유 사례에서처럼 갑작스러운 선호도 변화를 보인다. 〈포춘〉이 조사한 2007년 상위 100위 중국 브랜드 중 46개 브랜드만 2018년 상위 100위 리스트에 남았다.[3] 일부 기업은 변화하는 고객 취향을 따라잡는 데 성공해 번창한다. 미래의 트렌드를 파악하고 그에 맞는 전략을 개발함으로써 그런 일이 가능했다.

그러나 대다수 기업과 리더는 미래의 고객 니즈가 무엇인지는 고사하고 기존 고객이 무엇을 원하는지도 잘 모른다. 기업은 새로운 전략을 도출하기 위해 시장조사와 내부 논의에 의존하지만, 그 방법으로 실제 고객의 니즈에 접근하는 경우는 거의 없다. 많은 기업이 고객에게 실제로 필요한 것이 무엇인지 또는 미래에 고객을 감

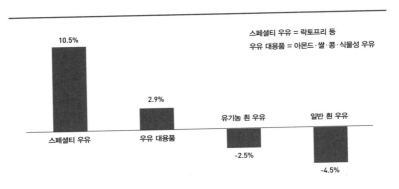

그림 25 | 2017년 11월 25일 기준 52주간 미국 우유 판매 증가율. 출처: 닐슨, 그래프, 헤더 하튼, 벤저민 파킨, '우유 대용품 선호로 인한 유기농 우유 잉여 증가', 〈월스트리트저널〉, 2018년 1월 3일, https://goo.gl/nG97eV.

동시키는 것이 무엇인지 고민하기보다는 온라인 사업에 뛰어드는 실수를 저지른다.

한편 고객의 니즈에 제대로 접근하는 기업도 있다. 중국 생활 가전 기업 하이얼은 수십 년간 고객의 미래 니즈를 예측해왔다.

가난한 중국 시골 소년이었던 장루이민Zhang Ruimin은 1984년 하이얼을 인수했다. 장루이민은 몇 년마다 현상을 뛰어넘기 위해 도전했고, 그 이후 계속 여러 차례에 걸쳐 회사를 완전히 개혁했다.4 장루이민은 고객이 조악한 제품을 싫어한다는 것과 하이얼이 반드시 품질로 앞서야 한다는 사실을 인식하고 제품의 품질을 개선하는 것에서부터 시작했다. 장루이민은 또한 회사가 품질로 성공하려면 그가 조악한 제품을 부끄럽게 생각하는 것처럼 직원들도 똑같이 부끄럽게 느껴야 한다고 생각했다. 이런 이유로 그는 직원들에게 공장 밖 길에서 불량 냉장고 76대를 완전히 부수라고 지시했다.

두 번째 중점은 고객 주도 혁신이었다. 장루이민은 회사가 판매하는 보급형 세탁기나 냉장고는 세그먼트마다 다른 여러 특정한 니즈를 만족시키지 못한다는 사실을 깨달았다. 그는 특정 세그먼트의 충족되지 않은 특별한 니즈를 알아내고 각각의 고객 세그먼트를 위해 맞춤형 솔루션을 판매하기로 했다.

세 번째 개혁은 변화하는 고객의 니즈를 신속하게 만족시키는 데 중점을 두었다. 장루이민은 하이얼의 소비자 인식 결여가 생산 지연과 신제품 생산량의 어림짐작으로 이어진다고 판단했다. 그는 고객과 직접 접촉하는 부서에 자율권을 주고 자원을 관리할 수 있는 권한을 위임했다.

고객이 학습을 통해 주변 환경에 적응할 수 있는 제품을 찾고 있다는 사실을 장루이민이 알았을 때 하이얼의 네 번째 개혁이 시작됐다. 하이얼은 놀이와 수면 등의 어린이 활동에 따라 온도를 바꾸는 아이 방 냉난방 시스템 제품을 도입했다.

모든 개혁이 매우 성공적이었다. 장루이민의 노력으로 소도시에 위치한 파산 기업이 글로벌 기업으로 완전히 탈바꿈했다. 2011년 이후 하이얼은 글로벌 가전 시장 최대 점유율을 유지하고 있으며, 어느 곳에나 하이얼 제품에 열광하는 고객이 있다. 2009년부터 2017년까지 하이얼의 글로벌 가전 시장점유율은 5.1퍼센트에서 14.2퍼센트로 증가했다(그림 26 참조).

하이얼의 변신이 보여주듯 성공적인 기업은 고객의 니즈가 변화

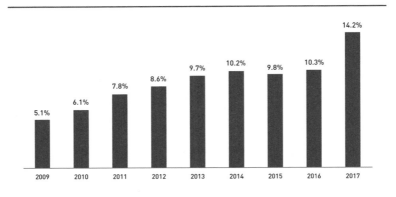

그림 26 | 하이얼의 글로벌 가전 시장점유율. 출처: '하이얼, 유로모니터 메이저 글로벌 가전 브랜드 순위 7년 연속 1위'. 2016년 1월 22일. https://goo.gl/xxsEY2.

함에 따라 혁신을 거듭한다. 이 과정에서 가장 어려운 부분은 향후 고객 니즈를 파악하는 것이다. 대다수 기업이 고객이 이야기하는 것의 이면을 살피지 않기 때문에 향후 고객의 니즈를 파악하기 어렵다.

고객사는 고객의 니즈를 파악하는 두 가지 방법을 통해 효과를 봤다. 360도 삼각측량법과 파트너 워크숍이다. 둘 중 어느 방법을 선택할지는 고객에게 직접 서비스를 전달하는 사람이 누군지에 따라 다르다. 모든 업무가 사내에서 이뤄진다면 삼각측량법이 가장 적합하다. 고객에게 제3자가 상품과 서비스를 직접 전달하는 경우에는 파트너 워크숍이 적합하다. 협력 업체는 전략적 지식이 부족할 수 있지만, 참신하고 의미 있는 통찰을 제공할 수 있다. 삼각측량법이건 워크숍이건 협력 업체, 공급업체, 고객의 참여가 필수다.

360도 삼각측량법

고객, 협력 업체, 이해관계자 등의 회사 밖 사람들은 내부인과 다른 관점으로 세상을 본다. 따라서 외부인은 향후 방향을 파악하는 데 큰 도움이 된다. 유명 커피 소매 기업이 어떤 종류의 플라스틱 컵을 사용할지 결정하려고 우리 팀을 고용했을 때 우리는 고객이 정말 원하는 것과 효과적인 것이 무언인지 판단하기 위해 협력 업체를 포함해 관련된 모든 사람과 함께 머리를 맞댔다.

첫 단계로, 소매 기업이 직면한 문제를 정확히 이해할 필요가 있었다. 우리는 임원, 핵심 협력사, 공급업체를 인터뷰하는 것에서 시작했다. 확실한 것은 플라스틱 컵 공급업체는 (생산 여력 부족으로 인해) 커피 회사가 원하는 컵을 공급할 수 없었고, 커피 회사의 고객은 플라스틱 컵을 재활용할 수 없다는 사실에 불만을 가졌다. 기존 플라스틱 컵을 계속 사용할 수 없다는 점은 명백했다. 우리는 다른 대안을 찾아야 했다.

다음 단계로 우리는 그 분야의 연구자와 전문가들과 상의했다. 그들은 경쟁 업체들은 물론 업계의 다른 기업들과 만나기 때문에 시장이 어느 방향으로 향하는지 전문적이고 더 객관적인 식견을 제시할 수 있다. 논의를 통해 기존 컵은 공급에 중대한 문제가 있고, 대안 제품이 커피 회사가 요구하는 조건만큼은 잘 만족시킨다는 사실을 알 수 있었다.

그래서 우리는 공급업체와 이야기했다. 공급업체는 훌륭한 정보와 통찰의 원천이다. 공급업체는 경쟁사를 비롯해 업계의 다른 기업들과 마주치기 때문에 시장이 향하는 방향에 대해 중요한 통찰을 제시할 수 있다. 또 공급업체는 변화를 지원할 당사자이기 때문에 다양한 솔루션 제안의 시험대가 될 수 있다. 공급업체와 논의한 결과, 그들은 커피 회사의 니즈에 부합할 수도 있는 다른 플라스틱 컵을 개발 중이었다. 새 컵 역시 재활용할 수 있는 컵은 아니었지만 플라스틱 함량이 낮은 덕분에 쓰레기 배출량을 현저히 줄여줄 것이었다.

한편 고객 부서까지 한 바퀴 돌았을 때, 마케팅 부서가 새 컵에 강력하게 반대했다. 그들은 새 컵이 기존 컵만큼 투명하지 않아서 고객이 컵이 깨끗하지 않다고 생각할 것이라고 했다. 마케팅 부서는 시장조사 결과 고객이 유리처럼 투명한 컵을 원한다고 주장했다.

우리는 고객들에게 두 컵을 모두 보여주고 그들을 인터뷰했다. 고객들은 두 컵의 투명도 차이를 구분하지 못했지만 새 컵이 환경을 생각해서 만들어졌다는 점을 좋아했다. 그 결과, 커피 회사는 대대적인 마케팅을 통해 재빠르게 새 컵으로 교체했다. 새 컵은 대성공이었다. 심지어 10년 뒤인 지금도 커피 회사는 여전히 그 컵을 여름 음료용으로 사용하고 있다.

커피 소매 기업에 적용한 이러한 접근법은 대부분 효과가 있다(나중에 알게 되겠지만 항상 그런 것은 아니다). 대체로 고객은 자신들이 미래에 원하는 것을 예측하거나 예측하지 못할 수도 있다. 하지만 제대로 된 질문을 받는다면 고객은 현재의 니즈를 정확히 표현한다. 그들은 어떤 제품과 서비스가 그 니즈를 충족할 수 있는지는 생각하지 못할 수도 있다. 그러나 대개 자신들이 무엇을 원하는지는 쉽게 답할 수 있다. 예를 들면, "건강한 음식, 안전한 여행, 사용하기 쉬운 앱"이라고 말이다. 그들은 현재 시장에 나온 제품이나 서비스가 얼마나 만족스러운지는 답할 수 있다. 고객이 하는 말이 미래에 어떤 것이 성공할지에 대한 좋은 단서가 되기도 한다.

때로는 지구 반대편에서 바뀌고 있는 고객의 취향을 살펴볼 필요도 있다. 예를 들어, 일본 소비자가 음악 감상과 비디오 시청을 위해 소니 휴대전화를 사용하기 시작했을 때, 노키아는 눈치를 챘어야 했다. 미국 고객사는 알았다. 이동통신사는 노키아에 사람들이 휴대전화로 음악과 비디오를 즐기고 사진을 찍고 싶어 한다는 사실을 계속해서 알렸다.

그러나 한때 모바일 기기 분야 세계 1위였던 노키아는 일본에서 인기였던 데이터 폰이 미국과 유럽에서도 인기를 얻을 수 있으리라 생각지 못했다. 항상 일본이 최초로 새로운 앱과 장비를 도입하고 이후 다른 곳에서 더 큰 인기를 얻곤 했는데도 말이다. 노키아는 훗날 스마트폰 혁신을 주도할 데이터 앱의 인기 상승을 완전히 간과했다. 노키아가 파트너들과 삼각측량법을 시도했다면 알 수 있었을 것이다. 하지만 노키아는 파트너들과 협력을 시도하지 않았다. 노키아는 과거에 큰 성공을 안겨준 음성 통화와 소형화에만 계속 집중했다. 결국 노키아는 애플에 자리를 내주었고 재기하지 못했다.

360도 삼각측량법은 고객의 향후 니즈를 시각화하는 데 있어 효과적인 도구다. 그러나 일회성 해법은 아니다. 시장이 너무 자주, 너무 빨리 변하기 때문에 기업은 해마다 삼각측량법을 실시해야 한다. 그래야만 현상을 유지할지, 접근법을 수정할지, 아니면 방향을 틀어야 할지 정확히 파악할 수 있다.

파트너 워크숍

기업이 고객에게 상품과 서비스를 직접 전달하기 위해 공급업체나 다른 협력사에 의존해야 한다면 기업이 어떤 변화를 고민하든 파트너의 참여가 있어야 한다. 내부 관리자들은 외부인을 개입시키는 것에 자주 반발하기도 한다. 관리자들은 공급업체의 전략적 관점이 미흡하다고 생각한다. 하지만 파트너 참여는 매우 중요하다. 파트너는 회사가 고안한 전략을 실행하기 때문이다. 파트너의 의견을 빨리 수용하는 것이 현명하다. 또 파트너가 향후 고객 니즈를 파악하는 데 참여하면 향후 전략을 지지할 가능성이 훨씬 더 크다. 파트너가 변화의 필요성이나 시급성에 동의하건 동의하지 않건, 그들의 의견은, 특히 변화가 불러올 여파에 대한 그들의 통찰은 매우 가치 있다.

예를 들어, 우리 회사는 캐나다 대형 은행의 IT 외주 용역 구조조정에 참여했다. IT 용역업체는 매일 고객 응대를 관리했고 고객 만족 면에서 중요한 역할을 했다. 고객은 자신들의 계좌에 접속할 수 없는 것과 유선으로나 지점에서 대기시간이 긴 것에 대해 계속 불만을 표현했다. 두 문제의 주요 원인은 대대적인 변화와 그에 따른 금전 부담을 이유로 은행이 IT 인프라 개편을 망설였기 때문이다. 은행이 근본적인 변화를 단행하지 않으면 고객을 잃을 위험을 자초하는 상황이었다.

우리는 향후 함께 일할 IT 외주 용역 회사들과 은행이 직면한 도전 과제를 공유하고 그들에게 의견을 구한 뒤 향후 고객 니즈에 가장 잘 부합하는 회사를 선택하기 위해 워크숍을 활용하기로 했다.

첫 번째 워크숍의 목적은 회사 관리자들이 미래의 파트너에게 회사의 현재 상황에 대해 완전한 그림을 제시하는 것이었다. 회사의 정확한 상태를 알리기 위해 시설 견학, 지점과 콜 센터 방문, 고객 불만에 관한 데이터 공유가 진행될 수 있다. 어느 단계에 이르면 파트너들이 회사의 현재 상황, 회사의 도전 과제, 회사가 기대하는 미래의 방향에 대해 질문할 수 있는 토론의 장이 필요하다. 참석한 내부 관계자는 미래의 파트너에게 생산능력에 관해 묻고 고객 불만 해소에 대한 그들이 관점을 제시해달라고 요청해야 한다.

첫 번째 워크숍의 후속 조치로 파트너가 솔루션 제안과 비용에 대한 조언을 제시하도록 권장해야 한다. 이 과정이 끝나갈 때쯤에는 회사는 그들 자신과 잠재적 파트너들이 어떤 지향점을 추구하는지 잘 이해하고, 어떻게 그곳에 도달할지와 관련해 아이디어를 내놓아야 한다. 은행에서 첫 번째 워크숍을 마치고 일부 IT 외주 회사는 은행 지점과 콜 센터의 기술 개선을 제안했고, 다른 외주 회사는 앱에 더 집중할 것과 지점에 대한 의존도를 줄일 것을 제안했다.

두 번째 워크숍에서 은행과 파트너는 파트너가 제안한 모든 솔루션의 실효성을 평가했다. 은행의 관점에서 워크숍은 고객에게 도움이 될 다양한 솔루션을 드러내줬다. 파트너의 입장에서 워크숍은 고객사에 대한 자료를 수집하고 현재 상황을 파악하는 기회였고, 이는 그들의 관점을 개선하는 데 도움이 됐다.

은행과 IT 외주 회사가 두 번째 워크숍을 열었을 때, 은행이 먼저 어떤 서비스 모델이 고객에게 적합한지 판단한 뒤 그 모델을 지원하는 IT 인프라를 결정해야 한다는 사실이 분명해졌다. 서비스 모델은 변했다. 은행 지점과 콜 센터는 더 이상 고객이 은행과 소통하기를 원하는 방식이 아니었다. 따라서 은행은 스마트폰 앱과 위치가 좋은 ATM에 투자해야 한다는 것과 변화하는 고객의 니즈를 지원하는 데 우선순위에 두고 IT에 대한 투자가 이뤄졌어야 했다는 사실을 깨달았다.

두 번째 워크숍 이후, 잠재적 파트너들이 제안한 다양한 솔루션을 평가하고 실효성 있는 솔루션으로 선택지를 좁히기 위해 내부 관계자가 모였다. 내부 관계자는 피드백과 개선을 위해 여러 이해관계자 및 임원들과 의견을 공유했다. 이 단계에서 내부 팀은 논의를 이어갈 한두 곳의 파트너를 선정했다.

은행의 내부 팀들이 모였을 때 그들은 기존 IT 파트너가 새로운 방향에 적합하지 않을 수도 있다는 데 동의했다. 그러나 내부 팀은 회사의 역사를 잘 아는 기존 IT 파트너를 잠재적인 IT 파트너와 함께 세 번째 워크숍에 초대하기로 했다.

세 번째 워크숍의 목적은 양측 이해관계자들에게 받은 피드백을 바탕으로 범위가 좁혀진 솔루션들을 함께 수정하는 것이다. 워크숍에서 납품 계획, 역할과 책임, 거버넌스 모델과 같은 핵심 쟁점들이 정리된다. 이 단계에서 파트너가 선정되고 완성된 솔루션에 대한 최종 가격을 제시하도록 요청받는다.

세 번째 워크숍 이후 은행은 지점에 대한 투자는 줄이고 앱과

ATM 인프라에 투자하기로 결정했다. 은행은 기존의 지점과 콜 센터를 유지하기 위해 기존 협력사를 이용하는 동안 앱과 ATM 인프라 투자를 위해 새 협력사와 일하기로 했다. 최종적으로 은행이 지점과 콜 센터를 축소하면서 모든 업무는 새 협력사가 맡게 됐다.

보통은 다음과 같은 방식으로 진행된다. 워크숍 이후, 또는 워크숍 진행 중에 기업과 기존 협력사는 향후 솔루션에 함께 일하기 어렵다는 사실을 깨닫는다. 그런 일이 발생하면 회사는 기존 협력사가 그만두거나 역할을 축소하는 동안 새로운 협력사가 합류할 수 있는 전환기 계획을 세운다. 결정의 이유를 모두가 이해할 수 있어야 하므로 이런 작업을 공개적으로 함께 하는 것이 모든 당사자에게 덜 고통스럽다. 예를 들어, 캐나다 은행에서는 기존 IT 협력사를 위한 전환기 계획을 세우는 데 모두 동참했다.

삼각측량법이나 파트너 워크숍이 끝나면 기업은 계속해서 변화하는 고객 니즈를 관찰하고 계획을 수정해야 한다. 일부 고객사들은 변화하는 고객 선호도를 관찰해 관리 체계를 정기적으로 업데이트하고 새로운 전략이 얼마나 효과적인지 주시하는 데 인공지능이 유용하다는 사실을 깨달았다. 그러나 반드시 기억해야 할 것은 이런 과정은 삼각측량법과 파트너 워크숍이 선행된 이후 진행돼야 하며, 두 방법을 대체할 수 없다는 사실이다. 기업은 미래 고객의 니즈를 파악하기 위해 한두 해마다 삼각측량법 또는 파트너 워크숍을 계속 시행해야 한다.

니즈를 해결하는 전략을
도출하는 법

일단 기업이 미래의 니즈를 정의했으면 다음 단계는 니즈를 해소하고 고객을 감동시킬 사업 전략을 도출하는 것이다. 하이얼은 기업 개혁을 단행하기 위해 사업 전략을 변경한 좋은 예다.

먼저 장루이민은 하이얼 제품의 품질을 향상하기 위해 스위스 기업 리베Lieber와 합작 기업을 설립해 그들의 기술과 품질 관행을 하이얼에 적용했다. 이런 업무 관행은 지속적인 품질 개선 방법을 포함하고 품질 성과와 직원 급여를 연계했다. 품질에 대한 집중은 제조에만 국한되지 않았다. 품질관리에는 재고 축소, 납품 기간 단축, 영업자본 축소까지 포함됐다. 품질을 강조한 덕분에 하이얼과 직원은 이후 더 큰 변화를 추진할 자신감을 얻었다.

10년 뒤, 장루이민은 두 번째 개혁을 위해 연구 개발, 마케팅, 판매 부서 간 긴밀한 협력을 통해 해결되지 않은 고객 니즈를 만족시키는 데 집중했다. 함께 머리를 맞댄 결과, 그들은 채소·과일 세척기, 소형 아파트에 적합한 저전력 세탁기, 미국 기숙사용 미니 냉장고 등을 개발했다.

2000년대에 세 번째 개혁을 통해 장루이민은 "고객과의 거리 제로로 만들기"라고 칭한 새로운 프로그램에 집중했다. 장루이민은 독립적인 운영 단위로 조직을 개편하고 고객을 응대할 때 자율권을 부여받은 팀과 고객을 지원하는 조직을 만들었다. 8만 명이 넘는 하이얼 직원은 이제 ZZJYT(아이디어만 있으면 누구에게나 경영자에 준하는 역할과 권한을 부여하는 제도−옮긴이)라고 하는 2,000개의 독립 운영 팀으로 조직돼 자체 수익과 손실을 관리하고 고용과 운영을 직접 담당한다. 직원들의 아이디어 제안을 권장하며, 직원, 공급업체, 고객이 가장 좋은 아이디어에 투표한다. 우승한 아이디어를 제출한 직원은 ZZJYT의 리더가 된다. 관리자는 서비스 제공자가 돼 팀원에게 자원과 조언을 제공한다.

현재 장루이민은 네 번째 개혁을 위해 고객의 집과 환경에 적응하는 제품을 제공하는 데 인터넷을 활용하려고 시도 중이다.

하이얼은 공기를 시원하지만 너무 차갑지 않게 유지해주는 풍동 시험 기술 기반 에어컨을 출시했다. 아시아인 대부분이 이 기술을 선호한다. 에어컨의 이름은 '천국'이라는 뜻의 티엔준Tianzun 이다.[5] 이 에어컨은 스마트폰으로 제어할 수 있으며 소음이 전혀 없고 공기 중의 습도를 바꾸지 않는다. 이 제품은 하이얼의 여러 인공지능 가전 중 하나에 불과하다. 장루이민은 이 분야에서 앞서가기로 마음먹었다. 하이얼은 또한 얼굴 인식을 기반으로 온도를 설정하는 수전과 와인이 떨어지면 사용자에게 안내하는 와인 냉장고를 개발했다.

하이얼은 현재와 미래의 고객에게 계속해서 감동을 주기 위한 새로운 사업 전략을 개발하는 기술을 터득했다. 그것은 미래의 고객 니즈를 파악한 뒤 니즈를 해결하는 전략을 도출하는 데서 시작된다. 또 고객이 감동할 정도로 니즈를 만족시켜야 한다.

직원에게 자율권을 부여하라

　　　　　　　　고객을 기쁘게 만드는 데 있어 매우 중요하지만 자주 간과되는 부분은 모든 단계에서 직원이 하는 역할이다. 우리는 고객의 니즈를 이해하고 그들에게 감동을 주는 데 있어 당신의 직원이 가장 중요한 자산이라고 계속 강조해왔다. 당신의 직원은 고객과의 상호작용에서 고객의 니즈를 파악하고 전략을 도출하고 전략을 이행하고 새로운 전략을 적용하는 데 있어 매우 중요한 역할을 해야 한다.

대부분의 리더가 여러 팀 중에서도 특히 고객을 직접 응대하는 팀에게 말로는 자율권을 부여하는 것처럼 얘기한다. 그러나 대부분의 조직은 직원이 일을 제대로 할 수 있다고 믿지 않으며, 그들이 실수하도록 두지도 않는다. 직원에게 의사결정 권한을 위임하는 기업은 거의 없다.

하지만 고객을 직접 응대하는 모든 직원에게는 현장에서 결정을 내릴 수 있는 권한이 있어야 한다. 직원은 소기업의 소유주가 내리는 수준의 결정을 내릴 수 있어야 한다. 직원에게 고객의 불편을 해결하고 서비스를 제공하고 고객에게 제품을 사용하는 방법을 보여주는 것이 허용될 뿐 아니라 권장돼야 한다. 결정권을 부여받은 직원(신뢰받고 용납되는 직원)만이 이런 일을 할 수 있고 고객을 만족시킬 수 있다. 조직 문화가 현장의 직원을 지원하지 않으면 직원 자율권은 신기루에 불과하며 고객 참여도 기대하기 어렵다.

디즈니보다 이를 더 잘 아는 기업은 없다. 디즈니랜드가 개장한 날부터 디즈니는 고객과 능숙하게 소통하도록 교육받고 자율 권한이 있는 직원들을 배치했다. 60여 년 뒤, 디즈니 직원들은 여전히 거의 감독을 받지 않고 일하며, 고객이 불만을 제기할 때까지 기다리지 않고 문제를 해결하는 것이 장려된다. 고객이 문제를 겪는 것으로 보이는 상황에서도 회사는 현장 팀원들이 적극적으로 다가가 창의적으로 문제를 해결하기를 권장한다. 디즈니는 이를 "적극적인 친절"이라고 부른다. 팀원들은 또한 고객 경험을 더욱더 재밌게 만들도록 교육받는다. 팀원 모두가 자신이 근무하는 곳이 아니어도 디즈니랜드의 모든 것에 관한 질문에 대답할 수 있다. 그들은 디즈니랜드 방문객들에게 스티커, 패스트 패스, 생일 배지, 무료 가방과 셔츠를 나눠준다. 디즈니파크의 모든 팀원은 고객과 효과적인 의사소통을 할 수 있게 교육받는다.

영국 일간지 〈텔레그래프〉의 2015/2016 월드 베스트 호텔 그룹에 선정된 식스센스리조트Six Senses Resort는 디즈니 방식을 완전히 다른 차원으로 발전시켰다. 이곳 직원들은 회사가 "공감 능력"이라고 부르는 교육을 받는다. 고객 경험 전담 팀이 고객의 문제를 역량껏 해결한다. 고객 경험 전담 팀은 적극적으로 고객의 호불호를 관찰하고 고객 한 명 한 명이 리조트에 머무는 경험을 더욱 편안하고 즐겁게 만드는 방법을 제안한다.

예를 들어, 나는 깊은 물에 대한 공포 때문에 스노클링이 두려웠다. 고객 경험 전담 팀은 내 고충을 듣고 리조트 내 해양생물학자에게 개별 체험에 동행해달라고 요청해 내가 그룹 속에서 부담을 느끼지 않고 스노클링을 할 수 있도록 배려했다. 레스토랑 매니저는 특별히 신경을 써서 메뉴에 없는 스리랑카 음식을 제공했다. 매니저는 이런 일을 관리자에게 보고하지 않았다. 관리자의 개입 없이 현장에서 결정을 내릴 수 있는 팀이 고객에게 이렇게 집중하는 것은 특별했고, 모든 투숙객이 매우 만족스러워했다. 전 세계 모든 나이대의 사람들이 이런 경험을 높이 평가하고 다시 투숙하기를 희망했다.

당신은 직원들에게 이 정도의 자율권을 부여하고 있는가? 당신도 다음의 단계들을 실천함으로써 직원에게 자율권을 부여할 수 있다.

기존 팀을 신규 팀원의 선발과 교육에 참여시켜라. 당신의 팀이 신뢰할 수 있는 팀원을 선발하는 것은 직원에게 자율권을 주기 위한 첫 번째 단계다. 대다수 기업의 채용 절차는 과거의 실적에 근거해 지원자를 평가한다. 그러나 과거는 어떤 사람이 새로운 업무를 잘 수행할지, 또는 새로운 회사에 잘 적응할지 예측하는 데 도움이 되지 않는다. 기존 팀원이 신규 팀원을 선발하도록 하는 게 더 좋은 방법이다. 이를 통해 팀원을 신뢰하고 의지하는 팀이 만들어진다는 것이 증명됐다. 이는 또한 팀 전체가 신규 팀원의 성과에 관심을 가지고 책임감을 느끼게 해준다. 신규 팀원의 성과는 기존 팀이 신규 팀원을 교육할 때 향상된다. 디즈니와 스타벅스의 경우 모두 현장 팀이 신규 직원을 교육하며, 이 두 기업은 직원과 고객에게 꾸준히 좋은 평가를 받고 있다.

고객 중심의 공통 목표를 도출하라. 모든 구성원이 분명하게 정의된 하나의 목표를 위해 일하는 팀이 더 행복하고 더 잘 협력하고 결과적으로 고객을 더 행복하게 만든다. 월트 디즈니는 이를 직원 교육을 통해서만 달성한 것이 아니라 디즈니랜드 직원들을 '출연진'이라고 부름으로써 고객을 위한 최고의 쇼를 만들어달라는 기대를 분명하게 전달했다. 스타벅스는 직원을 '파트너'라고 부를 뿐 아니라 직원에게 스톡옵션도 제공한다.

지원하는 리더십을 형성하라. 권한을 가진 팀은 관리자들이 그들의 지원군이며 새로운 아이디어를 환영한다고 생각한다. 팀에게 권한을 주려면 리더가 조종간을 넘겨주고 사람들이 잘못된 결정을 하는 것을 용인하고 실수를 통해 배우도록 해야 한다. 하이얼에서 관리자의 의무는 현장 팀을 지원하는 것이다. 하이얼은 의사 결정 속도를 높이고 팀들이 실수에서 배우는 것을 허용하기 위해 중간 관리자를 대폭 축소했다.

팀원에게 권한을 부여하라. 팀은 스스로 결정을 내릴 권한이 있을 때 자율권이 있다고 느낀다. 기업이 이를 통해 효과를 보려면 직원이 고객을 위해 옳은 선택을 하는 방법을 가르쳐야 한다. 럭셔리 호텔 식스센스리조트에서는 비용이 얼마가 들든지 팀원이 문제를 해결하는 것이 허용된다. 물론 비용은 중요한 문제다. 그러나 회사는 팀원의 최우선 순위가 고객을 위해 옳은 일을 하는 것이라고 강조한다. 이윤은 팀원의 책임이 아니다.

성공을 인정하라. 좋은 행동의 긍정 강화는 팀에 자율권을 부여할 뿐 아니라 팀이 회사의 우선순위에 집중하도록 유도한다. 식스센스리조트는 소셜 미디어에서 고객에게 긍정적인 후기를 받은 직원에게 보너스를 준다. 주간 회의에서 동료들은 고객의 투숙 경험을 특별하게 만든 성과를 서로 칭찬한다.

연구 결과, 자율권을 부여받은 팀은 리더십이 약하거나 부재한 상황에서도 성과를 냈다. 우리는 식스센스리조트 임원의 리더십에 감명을 받은 게 아니다. 임원들은 고객과 소통하기 위한 최소한의 노력밖에 하지 않았다. 그보다 우리는 기업 리더와 그들의 철학에 긍정적인 영향을 끼친 운영 팀의 리더십과 직원들에게 놀랐다.

역사에서 극적인 예를 찾아보자. 18세기 독일군 지휘관들은 부하에게 임무를 줄 수는 있었지만 임무를 완수할 방법을 알려주는 일은 금지됐었다. 이는 독일군의 전통이었다. 1758년 조른도르프Zorndorf 전투에서 독일 장군 폰 자이들리츠von Seydlitz는 러시아를 공격하라는 프레데릭 황제King Frederick의 직속 명령을 거부했다. 그는 왕의 전령에게 이렇게 말했다. "전투가 끝나면 내 머리를 가져가도 좋지만, 전투를 하는 동안에는 그 머리를 내가 쓰겠다고 폐하께 전해라." 폰 자이들리츠 장군은 적절한 순간에 러시아를 공격해 전투를 승리로 이끌었다. 그리고 결국엔 황제가 그의 공로를 치하했다.

실제로 업무를 담당하는 사람에게 권한을 부여한다는 같은 원칙이 비즈니스에도 적용된다. 자율 권한이 주어진 팀은 부족한 리더십을 상쇄한다. 그러나 자율 권한을 부여받은 팀 없이는 훌륭한 리더십이 존재해도 훌륭한 결과를 얻을 수 없다.

훌륭한 리더는 디테일에 집중한다

고객은 디테일에 신경을 쓴 티가 나는 상품과 서비스를 좋아한다. 식스센스리조트는 넘치도록 호화스럽지는 않지만, 모든 직급의 직원이 모든 디테일에 집중한다. 게스트 침실에 제공되는 음악, 온도, 간식, 조명은 모두 고객 개인의 취향에 맞게 선택된다. 심지어 자전거에 개인 이름표도 부착된다. 물론 고객은 디테일을 알아본다. 리조트의 디테일이 식사 시간 중 대화 주제가 되기도 한다.

마찬가지로 일본을 방문한 사람들은 구매한 상품이 완벽하게 포장되는 방식부터 호텔 아침 식사가 아름답게 놓인 쟁반까지 모든 곳에서 볼 수 있는 디테일에 대한 집중에 감동을 받는다. 일본인의 디테일에 대한 집중은 전설적이며 두 단어로 정의된다. '오모테나시'와 '카이젠'이다. 오모테나시는 '고객은 항상 옳다'라는 뜻이지만 대다수 일본인은 이를 '고객은 신이다'로 해석한다. 예를 들어, 비행기가 이륙할 때 승무원들은 허리를 숙여 인사한다. 손님이 택시를 타거나 내릴 때 기사가 항상 문을 열고 닫아준다. 비싼 물건은 정성을 다해 아름답게 포장된다. 일본에서 비슷한 예는 끝이 없다. 고객을 응대하는 사람이라면 누구나 최선의 서비스를 제공하려고 노력한다.

카이젠은 '지속적인 향상'을 의미한다. 일본 사회의 모든 구성원은 자신이 하는 일에 집중하면서 그것을 꾸준히 발전시키도록 교육받는다. 누구든지 더 좋은 방법을 알게 되면 모두가 온 마음을 다해 새로운 방식을 받아들인다. 이것이 일본의 생활 방식이며 CEO부터 직급이 가장 낮은 직원에 이르기까지 모두에게 익숙한 방식이다. 일본이 산업 강국이 된 것은 우연이 아니다.

훌륭한 리더와 조직은 모두 디테일에 집중한다. 월트 디즈니는 자신의 놀이공원이 고객에 최고의 경험을 제공하는지 확인하기 위해 놀이 기구를 직접 타봤다. 디즈니랜드에서 모든 디테일에 집중하는 전통은 계속되고 있다. 디즈니랜드는 고객에게 최고의 경험을 선사하기 위해 쓰레기통의 위치에서 식당의 음식과 서비스까지 모든 면에서 계속해서 완벽을 추구한다.

스티브 잡스 역시 작은 부분에 정성을 기울이기로 유명하다. 그는 아이폰의 아이콘에서부터 애플 판매 대리점에서 사용하는 자제와 로고의 글씨체까지 모든 것에 집요하게 파고들었다. 그가 애플 판매 대리점 화장실의 회색 표지판의 명암에 대해 30여 분간 토의를 했다는 소문이 있다. 디테일에 대한 열정은 전 조직에 스며든다. 직원들은 애플 펜슬의 디자인이건 iOS의 손전등 아이콘이건 애플 제품의 모든 디테일에 대해 논의하고 고민한다. 심지어 맥 컴퓨터를 담은 박스의 날개 안쪽에는 웃는 얼굴 모양이 인쇄돼 있었다. 그 부분은 새 맥 컴퓨터가 들어 있는 상자를 처음 열 때 고객의 시선이 단 1초간 머무는 곳이었다. 그러나 웃는 얼굴 모양을 발견한 고객들은 놀라면서도 기뻐하고 얼굴에는 미소가 번진다.

디테일에 대한 집중은 리더들에게서 시작된다. 그 뒤 다음의 단계들에 따라 조직의 모든 구성원에게 권장되고 교육된다.

디테일에 대한 집중을 지지하라. 디즈니와 애플이 보여준 디테일에 대한 집중은 창립자의 가치에서 시작됐다. 디테일에 대한 집중이 시작되는 유일한 방법은 경영진에서 시작하는 것이다. 그러나 거기서 끝나면 안 된다. 전체 조직은 제품 디자인, 서비스, 납품부터 일상적 업무, 온라인, 유선, 대면에서 이뤄지는 고객과의 모든 상호작용에 이르기까지 완벽을 추구하고 고집해야 한다. 직원들은 자신들과 회사의 성과에 자부심을 느낄 것이다. 리더가 전 조직 차원에서 이를 실현하는 가장 좋은 방법은 솔선수범과 긍정 강화다.

훌륭한 관리자를 양성하라. 디테일에 대한 집중을 강조할 때 관리자가 중요한 역할을 담당한다. 관리자는 품질과 기강을 책임지는 사람이다. 매니저는 로마군의 백부장(옛 로마 군대의 조직 가운데 100명으로 이뤄진 단위 부대를 이끄는 대장—옮긴이)에 비유할 수 있다. 훌륭한 로마 장군은 백부장의 가치를 알고 그들을 신중히 선발했다. 로마군 백부장은 군대의 훈련을 담당하고 전시에는 전방에서 싸웠다. 그들은 부하들에게 모범을 보였다. 훌륭한 로마군 백부장은 부하들을 계속 싸우게 할 수 있었다. 그리고 군대가 수적으로 열세인데도 결국엔 승리할 때가 많았다. 로마 장군들은 이 사실을 잘 알았다. 백부장은 보수를 넉넉하게 받았을 뿐 아니라 전쟁이 끝나면 그의 군대가 얼마나 잘 싸웠는지에 따라 보너스도 받았다. 이처럼 오늘날의 리더도 백부장을 선발하고 보상했던 로마 장군처럼 인재를 양성하는 능력을 기준으로 관리자를 선발하고, 그들이 관리하는 사람들의 성과로 관리자를 보상해야 한다.

직원이 자기 일에 자긍심을 갖도록 격려하라. 자부심은 사람들이 자기 일에 주인 의식을 갖고 모두가 인정하는 수준의 완벽함에 도달하게 만든다. 당신이 청소부, 설계 엔지니어, 금융 애널리스트 중 누구건 일에 대한 자부심은 가장 작은 디테일에 드러난다. 신입 컨설턴트로서 나는 고객에게 제시되는 모든 디테일과 모든 숫자를 확인하라는 지시를 받았다. 아주 사소한 실수도 팀 전체와 나에 대한 부정적 인상을 남겼다. 실수가 자주 발생하면 사람들은 당신을 신뢰하지 않고 팀은 당신을 원하지 않게 될 수 있다. 자긍심은 또한 전염성이 있다. 일단 한 팀이 더 높은 기준을 달성하게 만들면 다른 팀들도 모두 최선을 다하게 된다. 모든 일본인은 자기 일과 아주 작은 디테일에서 자부심을 느낀다. 그들이 그렇게 하지 않으면 다른 사람들이 알아챈다.

평가하고 재작업을 요청하라. 누군가는 신규 직원이 디테일에 집중하고 할당된 일을 제대로 수행하는지 평가해야 한다. 이런 직무교육on-the-job training이 첫 번째로 진행된다. 직원이 직무를 수행할 수 있을 만큼 충분히 교육을 받으면, 팀에 자율 권한이 주어진다. 연수생의 업무 평가를 담당하는 사람은 유용한 피드백을 제시하고 작업이 현실적으로 완벽한 수준에 도달할 때까지 연수생에게 모든 업무에 대한 재작업을 지시해야 한다. 누군가가 관리 감독을 담당하고 개선점을 즉각적이고 건설적으로 피드백해준다면 연수 기간이 좋은 자극과 배움의 기회가 될 수 있다. 그 과정을 통해 당신은 디테일과 완벽함이 무엇인지 배우게 된다.

많은 컨설팅 회사에서 신입 컨설턴트는 모두 매니저들과 함께 작업물을 검토하고 재작업하는 시간을 보내야 한다. 그 일이 얼마나 오래 걸리는지는 중요하지 않다. 매니저의 승인을 받을 때까지 아무도 집에 가지 않는다. 로마군 백부장이 부하들에게 전투하는 법을 가르칠 때도 동일한 원칙이 적용됐다. 로마군 백부장은 모든 군인이 따를 만한 원칙을 세웠다. 그들은 전장에서 함께 살고 함께 죽었다.

성공적인 작업을 인정하라. 돈이 유일한 동기부여원은 아니다. 조직의 누군가가 무언가를 잘했을 때는 항상 성과를 인정하고 보상하라. 보상은 상장, 축하와 함께 공식적으로 하라. 업무 성과가 좋은 개인을 보상하는 또 다른 방법은 중요한 임무를 맡겨 성장의 기회를 제공하는 것이다. 이는 조직 전체에 디테일의 중요성을 상기시키는 확실한 방법이다. 집단 인식은 사람들이 조직의 목적을 달성하게 만드는 데 크게 기여할 수 있다. 문화는 모든 조직의 가치와 규범을 결정한다. 만일 디테일에 대한 집중이 조직 문화의 한 부분이 아닐 경우, 그 조직은 결국 실패하고 말 것이다. 이는 기업뿐 아니라 국가도 마찬가지다. 예를 들어, 인도가 이룬 모든 발전에도 불구하고 인도는 디테일 집중으로 유명하지 않다. 인도에서는 다른 문화권 사람들이 불평할 만한 기준과 조건, 업무 성과를 수용하는 것이 용인될 뿐 아니라 심지어 현명하고 예의 바른 일이라는 생각이 만연해 있다. 이런 생각이 몇 세기에 걸쳐 대체로 가난했던 사회의 평화를 유지해주었다. 그러나 인도인이 '찰타 하이chalta hai(만사 오케이)'라고 부르는 이런 태도는 제조업에 해를 입혔다.

찰타 하이 정신과 그에 따른 디테일에 대한 관심 부족으로 인도는 아직도 중국 같은 제조 강국이 되지 못하고 있다. 사람들은 계속 지름길을 선택한다. 인도의 모디Modi 총리가 야심 차게 추진한, 다국적기업으로 하여금 인도에서 소비될 물건을 인도에서 제조하도록 장려하는 메이크 인 인디아Make in India 프로젝트는 반쪽짜리 성공에 불과했다. 해당 프로젝트는 처음에 군사 장비 대상이었지만 인도군은 야전 테스트에서 항상 인도산 소총의 성능이 표준에 못 미친다고 느꼈다.[6] 그 결과, 현재 인도군은 아주 기본적인 물품도 수입해야 한다. 인도 문화에서 디테일에 대한 집중이 강조되지 않아서 일어난 일이다.

지속적인 쇄신을 통해 진화하라

어느 문화에서든 위대한 기업들은 지속적인 쇄신의 자세를 통해 변화하는 고객의 니즈에 발맞춰 진화한다. 디즈니와 하이얼이 좋은 예다. 그러나 그런 기업이 많지 않다는 사실은 놀랍지 않다. 미래의 니즈를 시각화하고 그에 맞는 전략을 도출하기는 어렵기 때문이다. 현재 효과 없는 전략은 과감히 버리고(과거에 그 전략이 아무리 효과적이었다고 해도) 새로운 전략을 받아들여야 한다. 우리가 여러 전략을 제시했지만 우리가 제시한 전략은 물론 다른 전략으로 더는 고객의 니즈를 만족시키지 못한다면 기꺼이 그 모든 전략을 버리고 새로운 전략을 찾아야 한다. 역시나 대부분의 기업이 그렇게 하지 않는다. 대신에 그들은 과거에 통했던 방법에 매달리고 버티다가 고객의 탓으로 돌린다.

발전할 수 있는 능력은 3가지 단순한 원칙에서 나온다. 바로 '미래 고객의 니즈를 시각화하고 그 니즈를 만족시키는 전략 도출하기', '고객에게 감동을 주도록 팀에 자율권 부여하기', '디테일에 집중하기'다. 이 원칙들은 듣기에는 간단하다. 하지만 실제로 행동에 옮기기는 매우 어렵다.

대부분의 기업은 직원이 고객에게 감동을 줄 수 있는 권한을 주려고 노력한다. 디즈니는 수십 년간 직원 교육의 비결을 공유해왔다. 그러나 다른 대부분의 기업은 디즈니 직원들처럼 직원이 고객에 집중하도록 교육하는 데 어려움을 느끼는 것 같다. 직원에게 단지 말로만 지시하거나 교육하는 것만으로는 직원이 고객에게 집중하도록 만들 수 없기 때문이다. 당신은 팀들이 고객에게 집중할 수 있도록 자율권을 부여해야 한다. 하지만 대부분의 기업에서 이는 조직 문화의 큰 변화를 의미한다. 그것은 직원 채용에서부터 시작해 직원이 옳은 결정을 할 수 있다고 신뢰하는지에 있어 변화를 불러올 것이다. 쉬운 일이 아니다.

많은 리더가 책임을 위임하고 싶다고 말한다. 그러나 책임을 위임하는 것은 사람들이 가끔은 실수하도록 용인한다는 의미다. 리더들 대부분은 다른 사람의 실수를 용납하지 못한다. 투자자는 리더가 내리는 결정을 신뢰한다. 리더도 마찬가지로 직원을 신뢰해야 한다. 그러나 이는 상의하달식 지시와 의사결정이 주도하는 대부분의 조직 문화에서 사고방식의 대대적인 변화를 의미한다.

고객과 함께 진화하려면 리더가 사고방식을 바꿔야 한다. 리더는 기꺼이 전략을 변경하고 고객 감동에 있어 직원의 핵심적 역할을 인정해야 한다. 기업 리더가 이를 실천한다면 고객이 극찬할 것이고, 기업은 몇 세대에 걸쳐 번영할 것이다. 월트 디즈니의 사망 이후 두 번의 세대교체가 있었지만, 디즈니는 현재 세계 8위 브랜드이며 2018년 미국 경제 전문지 〈포브스〉가 선정한 '세계에서 가장 인정받는 기업' 1위에 올랐다. 디즈니가 계속 진화했기에 가능한 일이다.[7]

어떻게
고객 중심 전략을
실행하는가

CUSTOMER-DRIVEN
DISRUPTION

지금까지 다양한 고객 중심 전략을 살펴 봤다. 그러나 어떻게 각자에게 가장 적합한 전략을 선택하고 실행할 수 있을까? 모든 전략이 모든 기업에 맞는 것은 아니다. 당신은 고객의 니즈에 가장 잘 부합하는 전략을 선택한 뒤, 조직이 그 전략을 지원하고 실행하게 만들 방법을 찾아야 한다. 쉽지 않을 것이다. 대부분의 변화가 기존 관행으로부터의 근본적인 변화를 의미하기 때문이다. 심지어 고객 중심 전략이 기업에 가져올 혜택을 알고 있다 해도 많은 리더가 변화하기를 주저한다. 리더는 자신이 선장을 맡은 짧은 기간에 배를 뒤흔들고 싶어 하지 않는다. 따라서 그들은 고객이 기업을 뒤흔들 때까지, 때로는 고객이 기업을 뒤흔들고 난 뒤에도 과거의 전략을 고수한다.

기업 내에서 이런 일이 어떻게 일어나는지 이해하기 위해 실제 사례를 살펴보자. 나는 업계 선두 시설 관리 회사의 전략 담당자에게 전화 한 통을 받았다. 그 회사를 FMP라고 하자. 그들은 가장 큰 고객을 잃을 위기에 처해 있었다. 고객사는 뉴욕의 대형 은행인데 매년 FMP에 5억 달러 가치의 사업을 의뢰했다. FMP는 은행 사무실, 지점, 창고와 다른 시설을 유지하고 관리했다. FMP는 물리적인 모든 것을 관리했다. 청소, 보안, 식음료, 직원의 사무실 이동, 사무실 개보수 프로젝트 관리와 그 밖의 일을 담당했다. 그러나 FMP의 일 처리에 점차 불만이 쌓인 은행이 계약을 취소하겠다고 하자 FMP의 전략 담당자는 조치가 필요하다고 느꼈다. 그렇다면 어떤 조치를 할 것인가?

은행은 결과적으로 공간을 관리하는 비용이 더 줄어들 것으로 판단해서 FMP에 시설 관리를 의뢰했다. 예를 들면, 은행은 FMP가 급여를 낮추면 은행이 부담해야 할 비용이 감소하리라 생각했다. 그러나 청구 비용은 매년 증가했다. FMP는 실제로 피고용인에게 더 낮은 급여를 지급했지만 추가 서비스에 대한 추가 비용을 청구하는 것은 물론 직원들이 하는 정말 사소한 일도 은행에 비용을 청구했다. 예를 들어, 은행 직원이 FMP를 불러 근무 중 누군가가 카펫에 흘린 커피 가루를 치워달라고 요청하면 FMP는 즉시 사람을 보내 치우고서 은행에 과도한 비용을 청구했다.

문제가 불거지기 시작한 때는 은행 임원이 비용 절감 압박을 받게 되면서부터였다. 은행은 FMP와의 계약을 서비스 건당 수수료 계약에서 고정 수수료 계약으로 변경하고, 계약서에 수수료는 매년

5퍼센트에서 10퍼센트 감소한다고 명시했다. FMP는 새 계약에 서명했지만 바로 막대한 손해라는 사실을 깨달았다. 이에 따라 FMP는 서비스를 축소했다. 은행 직원의 호출에 대한 서비스뿐 아니라 정기적인 서비스도 줄였다. 예를 들어, FMP는 과거 1주일에 다섯 번 하던 지점 청소를 1주일에 세 번으로 줄였다. 비용 절감을 위한 이런 변화에 은행은 분노했다. 그 시점에 은행은 계약을 파기하겠다고 위협했고 FMP는 우리에게 연락해 왔다.

문제를 해결하는 첫 단계는 옳은 전략을 선택하는 것이었다. 이를 위해 우리는 FMP의 고객사와 그들의 니즈를 알아야 했다. 이는 은행뿐 아니라 FMP의 모든 고객사를 포함한다. 문제를 들여다보니 FMP는 은행뿐 아니라 다른 고객사들과도 같은 문제를 겪고 있었다. 고객의 니즈를 만족시키는 새로운 서비스 모델을 빨리 찾지 못하면 FMP는 와해될 위기에 처해 있었다. (5장 '고객은 기다리지 않는다'의 교훈을 기억하라.) FMP와 고객 사간의 계약을 분석한 뒤 우리는 위험 이익의 비중이 적은 기존 계약은 FMP 매출의 단 45퍼센트를 차지했고(그림 27 참조), 그마저도 감소하고 있다는 사실을 발견했다. 위험 이익의 비중이 큰 계약은 FMP 매출의 40퍼센트를 차지했고, 나머지 15퍼센트의 매출은 고정 수수료 계약에서 나왔다. 후자의 두 계약 유형은 숫자상으로 증가하고 있었다.

비용을 줄이려면 비용 증가의 원인이 무엇인지 알아야 한다. FMP의 비용을 분석한 결과, 비용의 약 85퍼센트가 청소 서비스, 보안 서비스, 식당 운영 등의 제3자 서비스 제공자에게서 발생한다

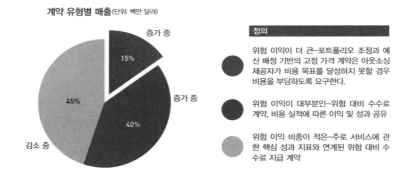

그림 27 ㅣ 아웃소싱 제공자에 대한 고객 요구 사항의 변화. 출처: 스리에스컨설팅.

는 사실이 드러났다. 추가 분석 결과, 인건비 때문에 비용이 증가하고 FMP가 이미 공격적으로 가격을 협상해 왔다는 사실이 밝혀졌다. 이들 서비스 제공자들은 이미 직원에게 최저임금에 가까운 급여를 지불하고 있었고, 뉴욕시라는 점을 고려한다면 직원 유지가 어려울 만했다. 급여를 더 낮추는 것은 불가능했고, 일부는 오히려 급여를 더 올려야 했다.

비용을 줄이는 유일한 방법은 할당된 시간 안에 더 많은 일을 끝내는 것이었다. 당신이 하청 업체를 고용해봤거나 길에서 일하는 인부들을 봤다면, 그들이 서성대거나 자재나 다른 인부, 또는 장비를 기다리면서 시간을 보낸다는 사실을 알 것이다. 제3자 서비스 제공자의 직원들도 한 장소에서 다른 장소로 이동하고 대기하는 데 많은 시간을 썼다. 우리는 FMP가 휴식 시간, 대기시간, 이동 시간을 단축하면 상당한 비용을 절감할 수 있다는 사실을 깨달았다. 효과적인 비용 절감을 위해 FMP는 고객사 간 이동 경로를 계획하고 최적화해야 했다. 예를 들면, 뉴욕시에서 같은 고층 건물 내부에 또는 은행의 길 건너편에 FMP의 고객사가 있었다. FMP가 작업 시간표를 조정해 서비스 제공자가 한 고객사에서 다른 고객사까지 빨리 이동할 수 있게 한다면 근무자들이 근무 시간 내에 더 많은 일을 할 수 있었다.

우리는 FMP에게 우버가 기사들에게 한 것처럼 서비스 제공자에게 한 근무지에서 다른 근무지로 안내하는 휴대용 단말기를 제공할 것을 제안했다. 초기에는 이런 변화를 위해 많은 작업이 필요하지만, 변화를 시도함으로써 FMP는 은행의 요구대로 비용을 절감하고 상당한 경쟁 우위를 확보할 수 있었다.

여기까지는 모두 좋다. 그러나 전략을 선택한 뒤에는 실행에 옮겨야 한다. 거의 항상 실행이 어렵다. 또 이번 경우에도 그것이 사실임이 증명됐다. FMP 임원은 이 같은 변화에 주저하고 투자를 거부했다. 그들은 고객에게 다른 선택의 여지가 없다고 생각했지만 그들의 생각은 틀렸다.

FMP의 형편없는 서비스, 높은 비용, 변화에 대한 거부에 신물이 난 은행은 시설을 관리할 사람을 직접 고용하기 시작했다. FMP의 중간이윤은 계속 감소했고, 고객사와의 마찰은 점점 심해졌다. 자연히 오가닉 매출의 증가세도 멈췄다. 이 글을 쓰는 시점에 FMP는 이 책의 2장에서 다룬 낡은 전략 중 하나를 이용해 이 상황을 극복하려고 시도하고 있었다. 경쟁사를 인수하는 것이다. 그러나 업스타트 기업이 새로운 서비스 모델을 들고 나타나 산업을 뒤흔드는 것은 이제 시간문제다.

당신의 회사가 고객을 만족시키는 전략을 선택하고 실행하는 데 얼마나 뛰어난지 알고 싶다면 스스로 다음의 질문을 해보자.

- 어떤 고객 중심 전략이 당신의 회사에 적합한가? 이유는 무엇인가?
- 리더는 얼마나 효과적으로 그 전략을 실행하고 직원에게 자율권을 부여하는가?

당신이 효과적으로 고객 중심 전략을 파악하고 실행한다면 당신의 고객이 기존 서비스 제공자를 뒤흔들도록 도와줄 것이다. 당신은 성장하고 성공할 준비가 됐다. 준비가 안 됐다고 생각한다면 빨리 고객 중심 전략을 파악하고 실행해야 한다. 그렇지 않으면 고객이 당신을 뒤흔들 것이다.

우리에게 가장 적합한 전략은 무엇인가

이 책은 서비스, 개인화, 속도, 품질, 쇄

신의 5가지 주요 고객 중심 전략을 다룬다. FMP의 사례에서 보듯, 때로는 5장에서 언급한 것처럼 서비스 모델을 바꾸는 것과 같은 전략의 작은 일부분이 할 일의 전부인 경우도 있다. 당신의 사업에 적합한 것이 무엇인지 파악하려면 고객의 니즈에서 시작하라. 그런 다음 그 니즈를 해결할 수 있는 독창적인 방법을 찾아야 한다. 한 회사에 적합한 방법이 다른 회사에 적합하지 않을 수도 있다. 모든 것은 당신이 무엇을 제공하는지와 어떤 고객 세그먼트를 대상으로 하는지에 따라 다르다. 예를 들어, 의류업계의 경우 일본 의류 소매 기업 조조타운은 개인화(4장)로 성공했다. 반면 자라는 속도(5장)로 성공했다. 그들은 다른 세그먼트를 목표로 했다. 때로는 여러 전략의 조합이 효과적이다. 아마존은 서비스(3장)와 속도(5장)를 모두 활용해 고객의 니즈를 해결했다.

표 3은 여러 산업에 속한 기업이 현재 주로 사용하는 전략과 더 적합해 보이는 전략을 간략히 정리한 것이다. 이 전략들은 법칙이 아니며, 특정 산업에서 효과가 클 가능성이 가장 크다고 볼 뿐이라는 사실을 유념하자. 이 책에 나오는 다른 전략들도 이 전략들만큼 효과적일 수 있다. 중요한 사실은 고객의 니즈와 세그먼트에 근거해 전략을 선택하는 것이다.

산업별로 기업이 어떤 전략을 선택하는지 알아보기 위해 고객의 니즈, 현재 기업이 도입한 주요 전략, 일부 산업이 도입한 새로운 전략을 정리한 표 3을 살펴보자.

표 3 | 산업별 잠재적 고객 중심 전략

산업	고객 니즈	현재 주요 전략	잠재적 고객 중심 전략
제약업	약 • 예방 • 치료 • 저렴한 가격	• 점증적 혁신 • 대량생산 • 로비	• 개인화(4장) • 품질(6장) • 속도(5장)
의류 소매업	제품/옷 • 착용감 • 원단 • 유행 • 저렴한 가격	• 화려한 매장 • 브랜드 • 대량생산	• 서비스(3장) • 개인화(4장) • 속도(5장)
자동차 산업	교통 • 속도 • 저렴한 가격 • 안전 • 적은 공해	• 점증적 혁신 • 브랜딩 • 대량생산 • 세계화	• 맞춤형 제작(4장) • 서비스(3장) • 품질(6장)
소비재 산업	제품 • 건강/천연 • 저렴한 가격	• 점증적 혁신 • 브랜딩 • 대량생산 • 세계화	• 품질(6장) • 개인화(4장) • 속도(5장)

제약업

고객은 건강해지기 원하고 저렴한 예방법과 치료법을 찾고 있다. 고객은 건강한 삶을 갈망한다. 개인화(4장), 품질(6장), 속도(5장)의 3가지 전략이 이런 니즈에 부합할 수 있다. 일부 세그먼트에서는 이 전략들의 조합이 최고의 효과를 낼 수 있다.

- 약의 개인화는 유전, 환자의 병력, 예후를 바탕으로 할 수 있다. 제약업은 이미 일반 약을 광범위하게 사용하는 것에 대해 논의해왔다. 지금까지 약을 개인화하는 다른 방법에 대한 논의는 많지 않았다. 대부분 약은 환자의 질병을 기준으로 처방된다. 그러나 과다하거나 부적절한 처방이 많다. 영국 일간지 〈텔레그래프〉의 조사에 따르면, 수백만 명의 사람들이 불필요한 스타틴(콜레스테롤 약)을 복용한다.1 또 환자에게 적합한 약이 처방된다고 해도 복용량이 표준화되는 경우가 많다. 개인의 병력, 회복 속도, 약에 대한 반응에 따라 알맞은 복용량과 약의 조합을 찾는 것이 판을 다시 짜는 게임 체인저가 될 수 있다. 제약업의 개인화가 더 많이 가능하다면 환자에게 돌아갈 혜택은 매우 크다. 예를 들어, 환자는 빠르게 건강을 회복하고 합병증과 향후 질병을 예방할 수 있다.

- 품질은 제약 산업과 의료 기기 산업에서 계속 중요한 요인이 되고 있다(메디데비의 사례를 생각해보라). 특히 일부 제약 회사는 진품 약 조작과 가짜 약 판매로 소비자가 계속 피해를 보는 개발도상국에서 품질을 통해 소비자의 니즈를 더 잘 해결할 수 있다.

- 선진국에서조차 너무 많은 약이 유통기한이 끝나갈 때 판매되고 있는 상황이라 이 업계에서 속도는 핵심이다. 재고를 만들어내지 않고 의약품을 제조 시설에서 환자에게 빠

르게 전달함으로써 약의 효능과 공중 보건을 향상할 수 있다. 예를 들어, 백신 회사는 어떤 바이러스 종류가 유행할지 파악하기 훨씬 이전에 백신을 개발해야 하므로 독감 백신의 효과가 크지 않을 수 있다. 제약 회사가 백신 제조 공정과 공급망을 가속화한다면 독감 바이러스에 더 신속하게 대응함으로써 많은 생명을 살릴 수 있다. 비타민이나 허브 같이 예방에 더 중점을 둔 제품과 개인 맞춤형 약을 위해서도 속도는 중요하다.

저렴한 가격은 이 업계에서의 장기적인 생존을 위해 필수다. 제약사 밀란Mylan의 알레르기 약 에피펜EpiPens의 사례를 보자. 에피펜을 제조하는 데 2달러 이하의 비용이 들지만 2007년 밀란은 에피펜을 57달러에 판매했다. 그 뒤 2016년 밀란은 에피펜의 가격을 700달러로 인상했다. 대중의 저항이 거세지자 의회에서 공청회가 개최되고 일반 약이 도입됐다. 그러나 밀란 말고도 비슷한 예는 많다. 이런 식의 공격적인 가격 산정 관행이 만연해 있다. 그러나 장기적으로는 통하지 않을 것이다. 고객은 바가지를 씌우는 회사에 등을 돌린다. 이런 경향은 더욱 두드러질 것이다. 밀레니얼 세대는 도덕적이고 투명한 관행을 요구하며, 그렇지 않은 기업의 제품은 사지 않기 때문이다.

의류 소매업

　　　　　　의류업에서 고객의 니즈는 착용감, 원단, 유행, 속도, 저렴한 가격이다. 의류업은 다른 산업보다 밀레니얼 세대의 영향을 많이 받아왔다. 서비스(3장), 개인화(4장), 속도(5장) 같은 전략들이 단독으로 또는 여러 조합으로 제공물과 타깃 고객 세그먼트에 따라 소매업체가 고객의 니즈를 해결하는 데 도움이 된다. 어떤 전략을 채택하더라도 회사의 제공물은 저렴해야 한다. 아니면 밀레니얼 세대는 사지 않는다.

- 서비스는 고객이 더 소비하게 만드는 가장 쉬운 방법이다. 더 많은 기업이 이를 깨닫고 현재 배달 서비스를 제공한다. 많은 기업이 오프라인 매장과 온라인 매장의 장점을 비교해보고 각 매장에서 또는 두 종류의 매장에서 어떻게 최고의 서비스를 제공할 수 있을지 살펴봐야 할 것이다. 예를 들어, 의류 소매업체는 오프라인 매장에서 스타일을 조언해줄 수 있지만, 고객 정보 관리의 용이함과 미래의 상품 추천을 위해 주문은 온라인에서 이뤄질 수 있다.
- 저렴한 개인화는 의류 소매업에 큰 기회다. 만약 당신이 정장이나 구두 같은 맞춤형 의상을 고객을 위해 저렴한 가격에 판매할 수 있다면 당신은 엄청난 경쟁 우위에 서게 될 것이다.

- 당신이 원자재나 표준화된 상품을 판매하는 경우 속도는 당신에게 계속 중요할 것이다. 긴 지연 시간과 제품을 구할 수 없는 상황 때문에 고객을 잃을 수 있다. 참을성이 적은 고객의 니즈를 신속하게 해결할 방법을 찾는 것이 매우 중요하다.

또 업계는 반품을 어렵게 만들고 너무 자주 반품하는 고객을 금지하는 등의 다른 방식으로 고객을 멀어지게 하는 일을 멈춰야 한다. 또 밀레니얼 세대는 사회문제와 환경문제에 관심이 많으므로 고객이 낡은 옷을 버리고 새 옷을 사기를 기다리는 것은 실패할 수밖에 없는 전략이다. 의류업계는 수요를 일으키기 위해 다른 전략을 시도해야 할 것이다.

자동차 산업

고객은 빠르고 저렴하고 안전하고 환경을 오염시키지 않는 교통수단을 찾고 있다. 맞춤형 제작(4장), 서비스(3장), 품질(6장)은 개별적으로 또는 각각의 조합을 통해 이런 목적을 달성하고 고객을 유치할 수 있는 전략들이다.

- 개인화가 가까운 미래에 현실화되지 않을 수도 있지만 자

동차 회사는 고객 세그먼트에 따라 자동차를 맞춤 제작함으로써 합리적인 가격대를 찾을 수 있다. 도시 운전자는 주차하기 쉬운 차가 필요한 반면, 전원 지역 운전자는 충격을 잘 흡수하는 사륜구동 자동차가 필요하다. 두 가지 특징을 모두 갖춘 자동차를 팔면 대부분의 고객 관점에서 큰 가치가 발생하지 않고 비용만 증가한다. 마찬가지로 신흥 시장에 맞춰 설계된 자동차는 저렴하면서 열악한 도로 상황에 맞게 튼튼해야 하지만, 비용이 증가하는 선루프 같은 사양은 불필요하다.

승차 공유 전용으로 설계된 자동차는 저렴하고 승차감이 좋고 청소하기 쉽고 좋은 음향 시스템을 갖추고 내구성이 좋아야 한다. 운전자 보조 시스템이나 주차 조향 보조 시스템 또는 선루프 같은 사양은 승차 공유 고객에게는 큰 의미가 없을 수도 있다.

다시 말해, 각 고객 세그먼트가 실제로 원하는 것에 주의를 기울인다면 자동차 제조사는 비용을 더 들이지 않고 다양한 고객 세그먼트가 원하는 다양한 니즈에 맞는 상품을 만들 수 있다.

- 재구매 고객 비율이 최저 수준이기 때문에 서비스는 중요해질 것이다.[2] 자동차업계는 구매 경험 전체에 변화를 주고 더 좋은 서비스를 제공하고 성실하게 일을 처리함으로써 기존 고객을 유지할 방법을 찾아야 한다. 테슬라는 이미 차

량은 물론 수리 직원까지 고객의 집 앞으로 찾아가는 실험
을 하고 있다. 그러나 자동차업계 대부분은 1980년대에 머
물러 있어 전면적인 개혁이 필요하다.

- 품질은 계속 중요해질 것이다. 사후 서비스 비용과 잦은
  리콜은 비용을 증가시킬 뿐 아니라 고객 신뢰 문제를 일으
  킨다.

자동차업계가 집중해야 할 중요한 문제는 저렴한 가격이다. 신차
는 젊은 세대가 살 수 있는 가격대가 아니고, 또 낡은 차는 유지비
가 너무 많이 든다.[3] 자동차 구매 가격과 유지 비용, 이 두 가지를
모두 낮출 방법을 찾는다면 고객의 니즈를 해결하고 자동차업계의
수명을 연장할 수 있다.

소비재 산업

밀레니얼 세대는 건강하고 자연적인 제
품을 찾고 있다. 품질(6장), 개인화(4장), 속도(5장)가 소비재업계가
고객에 더 집중하는 데 도움이 될 수 있다.

- 밀레니얼 세대는 사회문제와 환경문제에 관심이 매우 많아
  서 제품의 품질과 원료의 윤리적인 공급은 점점 중요해질
  것이다. 기업은 자연 원료로 건강에 좋고 친환경적인 제품

을 개발해 혜택을 볼 수 있다. 그러나 베이비 붐 세대가 계속해서 그들이 신뢰하는 브랜드를 구매할 것이기 때문에 기업은 서둘러 기존 브랜드를 버리는 일이 없어야 한다. 고객 니즈의 변화에 따라 오래된 브랜드에서 새로운 브랜드로의 전환이 이뤄질 것이다.

- 기업은 고객 선호도, 지역별 선호 재료, 저렴한 가격에 바탕을 둔 개인화로 이익을 누릴 수 있다. 고객 선호도에 대한 데이터는 기업이 제품을 개인화하고 다양한 고객 세그먼트의 니즈를 해결하는 데 분명 도움이 될 것이다.

- 신제품을 출시할 때나 변화하는 고객의 니즈를 만족시키는 데 있어 속도는 계속 중요한 요소일 것이다. 밀레니얼 세대는 참을성이 많지 않고 브랜드 충성도가 낮다. 밀레니얼 세대의 변화하는 니즈를 빠르게 만족시키는 기업이 승자가 될 것이다.

마지막으로 대기업은 지역 기업과 동맹을 맺음으로써 혜택을 볼 수 있다. 예를 들어, 파탄잘리 제품이 미국 밀레니얼 세대에게 통했다면 파탄잘리와 서구 다국적기업의 동맹은 양측에 모두 이로울 수 있다. 고객 중심 전략은 같은 산업에 속한 기업의 경우라도 그들이 지원하는 세그먼트를 바탕으로 각 기업에 맞게 조정돼야 한다. 예를 들어, P&G에 성공적이었던 전략은 유니레버에 아무 효과가 없을 수 있다. 적절한 전략을 선택하고 실행하는 데 있어 신중한 작업이 요구된다.

한편 점증적 혁신처럼 효과 없는 낡은 전략에 의존하는 기업들은 고객의 니즈에 근거한 새로운 전략을 선택해야 한다. 새로운 전략을 선택하면(그에 더해 전략을 지원할 운영 체계를 구축하면) 회사와 회사의 제품이 고객에게 더 유의미해지고 장기적인 투자자 가치를 제공할 것이다. 그러려면 새로운 전략이 조직 차원의 지원을 받아야 한다. 조직이 새로운 전략을 지원하도록 계획을 세우는 일은 중요하다. 의사소통만으로는 이를 실현할 수 없다. 여기서 언급된 전략들은 조직의 새로운 관점과 시스템 차원에서 많은 변화가 요구되는 매우 근본적인 변화이기 때문이다.

고객 중심으로
조직을 바꿔라

기업은 큰 배와 같다. 방향을 바꿀 때 선장뿐 아니라 모든 사람의 협력이 필요하다. 새로운 전략을 실행하는 데 있어 조직의 변화가 매우 중요하다. 또 이러한 변화에는 체계적이고 순차적인 계획이 필요하다. 다음은 조직의 변화에 필요한 주요 단계들이다.

보상 체계를 변경하라

기업 대부분은 재무 성과에 따라 주식과 스톡옵션을 임원의 주요 보상 수단으로 사용한다. 이런 보상 체계는 바뀌어야 한다. 대신에 기업 임원은 그들이 고객의 니즈를 얼마나 잘 만족시켰는지에 따라 보상받아야 한다. 투자자는 임원이 자신의 직책을 3~5년의 임기로 생각하기보다는 자신들을 장기적인 소유주로 생각하도록 권장해야 한다. 고객과 관련된 지표에 따라 CEO와 임원의 보상이 결정되도록 하는 것도 도움이 된다. 고객 관련 지표는 고객만족도 순위, 고객 보유율, 고객 기반 증가 등을 포함해 다각화돼야 한다. 제3자 시장조사와 소셜 미디어상의 피드백이 모두 활용돼야 한다. 먼저 기업 임원의 보상 체계가 수정되고 나면 조직 전체로 확대해야 한다.

고객 대응 그룹을 조직하라

대부분의 기업이 기능에 따라 판매, 마케팅, 제조, 재무 등의 부서로 조직된다. 부서의 분야가 매우 달라서 각 분야를 전담하는 직원이 있어야 한다는 논리다. 그러나 이러한 사고방식은 산업화 시대의 유물이다. 과거에는 전문화의 역할이 지금보다 더 중요했다. 오늘날 중요한 것은 하이얼처럼 기업가 정신에 입각해 고객의 니즈에 대응하는 것이다. 하이얼의 고객 대응 조직은 고객의 니즈에 대한 회사의 대응을 획기적으로 개선했다. 다른 기업들 역시 하이얼처럼 해야 한다. 그렇게 하지 않으면 뒤처질 것이다.

고객은 당신이 마케팅 부서에서 일하는지 IT 부서 또는 공급망의 어느 단계에서 일하는지에 관심이 없다. 고객의 유일한 관심사는 당신이 그들의 니즈를 얼마나 잘 충족시키는가다. 기능적 부서 조직은 고객의 니즈를 만족시키는 데 방해가 된다. 직원은 고객보다는 자신이 속한 부서나 조직에 더 충성심을 느낀다. 직원의 보상과 승진이 상사를 얼마나 만족시켰는가에 따라 결정되는 경우 그런 경향은 불가피하다. 그 결과, 시간이 지나면서 리더와 중간 관리자들은 고객과 완전히 단절되고 만다. 기업이 이 문제를 해결해보고자 매트릭스 조직(직원이 기능 조직의 상사와 기존 조직의 상사에게 보고하는 체제)을 도입하면 대개 더 많은 혼란이 초래되고 의사결정은 지연된다. 하이얼은 고객 대응 팀을 실험적으로 조직한 결과 큰 성공을 거뒀다.

고객을 중심에 두려면 지리적 위치, 제품 유형 또는 크기에 따라 팀을 조직하기보다는 고객 세그먼트를 중심으로 팀을 조직하라. 이렇게 조직된 팀에 자율권을 주고 조직 차원에서 지원한다. 이 같은 고객 대응 팀은 판매, 연구 개발, 마케팅, 재무, 운영 부서 출신 직원으로 구성된다. 정확한 구성 비율은 팀이 지원하는 고객의 유형에 따라 다르지만 각 팀은 매출과 이익, 손실에 관한 책임을 지고 고객의 장기적인 우선순위를 고려할 수 있는 유연함을 발휘한다. 이러한 팀들은 오늘날 다른 대부분의 대기업보다 더 강한 기업가 정신을 갖췄다.

3장에서 고객 세그먼트를 구성하는 것에 대해 자세히 다뤘지만 한 가지 주의할 점이 있다. 기업이 고객 세그먼트 중심으로 조직되면 많은 기업이 운영에 소홀해지는 경향이 있다. 느슨해진 운영과 점점 증가하는 복잡성이 조직을 압도할 수 있다. 예를 들어, FMP는 고객 대응 팀으로 이뤄졌지만 회사가 제3자 서비스 제공자를 잘 관리하고 운영하지 못해 고객 대응 팀들을 제대로 지원하지 못했다. 고객 대응 팀을 지원하는 조직은 전문성이 뛰어나야 하고 전략적으로 행동해야 한다. 지원 팀의 목표는 우수한 플랫폼을 개발하고 위기를 관리하고 지식을 공유하고 관리·감독하는 것이다. 이를 위해 지원 조직이 시장의 다른 제공자들과 경쟁할 수 있도록 장려해야 한다. 또 지원 조직이 자신들의 서비스를 다른 기업 또는 고객에 직접 판매하도록 허용해야 한다.

즉, 고객 대응 팀 내에서만 아니라 전 조직 차원에서 기업가 정신을 장려해야 한다.

고객 중심 문화를 구축하라

기업의 문화를 이야기하는 것은 폼 나는

일이다. 많은 기업이 자신들을 경쟁에서 돋보이게 할 문화를 만들기 위해 노력한다. 그러나 대부분은 잘못된 방향으로 가고 있다. 그들은 무료 식사, 개방형 사무실, 파티, 여행, 임원의 프레젠테이션, 운동 시설 등에 집중한다. 이러한 것들 중 어느 하나도 직원이 고객이나 디테일에 집중하도록 장려하지 않는다. 사우스웨스트항공이나 디즈니처럼 지금까지 잘해왔고 앞으로도 계속 성공할 기업은 진정한 고객 중심 문화를 만들고 계속해서 그 문화를 지원하고 있다. 고객 중심 문화를 성공적으로 구축한 기업은 그들의 사명을 모두에게 다음과 같이 분명히 전달한다.

- 아마존 채용 웹 사이트에는 이렇게 쓰여 있다. "아마존이 1995년에 문을 열었을 때, 우리의 사명은 '고객이 온라인에서 사고 싶은 모든 것을 찾을 수 있는 지구상에서 가장 고객 중심적인 회사가 되자. 또 고객에게 가장 저렴한 가격을 제공하도록 노력하자'였습니다."[4]

- 사우스웨스트항공 웹 사이트에는 이렇게 쓰여 있다. "우리는 스스로 여객기를 운항하는(더불어 비행 일정을 지키며 품격과 혜택을 전달하는) 고객 서비스 기업이라고 생각합니다."[5]

- 애플의 직원 교육 매뉴얼에는 이렇게 쓰여 있다. "당신의 임무는 고객의 모든 니즈를 이해하는 것이다. 어떤 때에는 고객 자신도 인지하지 못하는 니즈를 알아야 한다."[6]

- 디즈니 직원은 이렇게 배운다. "고객이 항상 옳은 것은 아니다. 그러나 고객이 틀려도 존중받는다는 느낌이 들게 하라."

이들 기업은 말뿐이 아닌 행동으로 보여준다. 고객은 이 사실을 알고 그들을 좋아한다. 당연한 얘기겠지만 모두 고객 만족, 매출/이익 증가 측면에 있어 업계 선두다.

지금껏 봐왔듯이 디테일에 대한 집중과 끊임없는 향상이 이들 기업 문화의 핵심이다. 당신 역시 고객을 빼고 진정한 고객 중심 문화를 만들 수 없다. 모든 직원으로 하여금 업무 프로세스를 개선하고 고객에게 가치를 선사하도록 장려할 때만 당신의 성공이 보장된다. 이는 회사의 모든 직원이 매일 자신의 업무 프로세스를 향상하려고 노력할 뿐 아니라 고객의 피드백을 포함해 자신이 배운 것을 다른 직원들과 공유하려고 노력하는 것을 의미한다. 이를 지속하는 기업은 발전하며 오모테나시(모든 면에서 고객을 기쁘게 하기)를 달성한다.

직원 개발에 집중하라

직원은 자산이다. 성공하는 기업은 직원에 투자한다. 행복한 직원은 고객을 더 잘 응대한다. 따라서 직원을 신중하게 채용하고 정당한 임금을 지급하고 직원을 적절히 보상하고 잘 교육하고 직원이 두려움 없이 결정하고 마음 놓고 실패할 수 있게 하라.

채용 프로세스는 고객 지향적인 직원을 뽑는 데 중점을 둬야 한다. 고객을 대면하는 팀의 경우 더욱 그렇다. 사우스웨스트항공이 어떻게 했는지 생각해보자. 직원이 각자 맡은 업무를 잘하는 것과 더불어(예를 들면, 기장의 임무는 비행기를 안전하게 운항하는 것이다) 기업은 직원 후보에게 3가지 자질을 찾는다.

- 전투 정신 또는 뛰어나고자 하는 열정, 용기 있는 행동, 인내와 창의력
- 섬기는 마음 또는 타인을 먼저 배려할 줄 아는 마음, 모든 사람을 존중하는 마음, 고객을 위한 적극적인 봉사
- 열정, 기쁨 같은 즐거운 마음가짐, 탈자기중심적 자세[7]

채용하는 직급에 관계 없이 모든 후보를 대상으로 사우스웨스트항공의 문화에 적합한 직원인지 평가하기 위해 위의 자질에 대한 점수가 매겨진다. 심지어 승진도 이런 자질과 연계된다. 직원은 결과와 함께 그 결과를 어떻게 달성했는지에 따라 평가된다. 2014년 직원 설문 조사에서 응답자의 86퍼센트가 사우스웨스트항공에서 일하는 것에 자부심을 느낀다고 답했다. 고객을 기쁘게 만드는 직원의 자질을 신중히 정의하면 결과적으로 직원도 행복해진다.

요건에 부합하는 직원을 고용했다면 다음 단계는 신입 사원 업무를 교육하고 고객 지향적 자세를 갖추도록 훈련하는 것이다. 디

즈니 리조트가 어떻게 직원을 교육했는지 살펴보자. 신규 직원은 6주간 교육을 받으면서 그들이 파는 것은 상품이 아니라 경험이라는 사실을 배운다. 직원은 이 개념을 완전히 숙지한 뒤에야 고객을 만날 수 있다.

대부분의 고객 중심 전략이 실패하는 이유는 조직이 고객 지향적이지 않기 때문이다. 강압이나 리더의 카리스마에 의해 조직의 초점 바꾸는 것은 1, 2년 동안은 효과가 있을지 모르지만, 구조적인 변화가 없으면 지시에 따른 변화는 오래가지 않는다. 리더가 떠나면 조직은 예전의 방식으로 돌아간다. 그러나 변화는 가능하다. 디즈니와 하이얼은 헌신적인 리더십과 급진적인 구조 변화를 통해 대기업도 쇄신할 수 있다는 사실을 보여준다.

왜 기업이 근본적으로 변해야 하는가

사람들은 기업의 실패가 국가의 경제와 부에 영향을 주지 않는다고 생각한다. 그들은 틀렸다. 어느 사회에서나 기업은 고용과 부에 중요한 역할을 한다. 이제 우리는 변곡점에 도달했다. 기업이 고객에게 집중하지 않았기 때문에 기업뿐만 아니라 국가 전체도 타격을 입을 수 있다.

핀란드를 예로 들면, 2000년대 초 이 작은 나라는 산업과 높은 생활 수준 덕분에 세계에서 가장 부유한 20개국 중 하나가 됐다. 핀란드는 석유를 보유하지 않았지만 광활한 산림과 제지 수출은 큰 사업이었다. 핀란드는 기술 강국이기도 했다. 노키아는 2000년 국내총생산의 4퍼센트를 기여했다. 그러나 그 시점에 애플이 아이폰을 출시했고 노키아는 몰락했다. 노키아 휴대전화는 이동 중 인터넷 사용을 원하는 고객의 니즈를 해결하지 못했다. 뒤이은 아이패드의 등장으로 점점 더 많은 소비자가 태블릿 PC로 뉴스와 잡지를 읽게 되자 종이 소비가 감소했다. 2008년 대침체 이후 핀란드 경제는 이탈리아를 제외한 전 유럽 국가와 미국 경제보다 뒤처졌다.[8]

다른 나라들도 똑같은 상황에 처해 있다. 태양광에너지는 결국 석유·가스 제조국을 뒤흔들 것이다. 베네수엘라 경제는 이미 유가 폭락으로 휘청이고 있다. 몇 년 안에 탄소 기반 연료 소비가 감소하기 시작하면 중동 국가의 경제도 함께 둔화할 것이다. 러시아, 노르웨이, 영국, 덴마크 경제도 다른 경제 성장 동력을 찾지 않는다면 똑같은 미래를 맞이하게 될 것이다.

기업들이 근본적으로 바뀌지 않으면 미국 경제도 붕괴할 것이다. 미국 기업은 고객과의 단절이 너무 깊어진 나머지 전 세계 신생 기업은 물론 미국 신생 기업에도 뒤처지고 있다. 월마트, 엑슨모빌, GE, AT&T, 심지어 애플까지, 대기업의 오가닉 매출과 이익이 증가하지 않고 있다. 대다수 미국인은 파괴적 혁신 기업이 또 다른 미국 기업일 것으로 생각한다. 그렇기에 돈과 일자리는 국가적인 차원에서 한 회사에서 다른 회사로 흘러간다는 생각이다. 그들은 미국이 기술과 혁신을 선도한다는 사실을 근거로 제시하며 미국 기업이 계속해서 성공할 것이라고 말한다.

이런 자신감은 무서울 정도로 맹목적이며, 현실과도 다르다. 1980년대 미국 자동차 회사는 고객이 원하는 품질을 제공하지 못해 일본 자동차 회사에 고객을 빼앗긴 것이지, 미국 기업이 혁신하지 않아서 그랬던 것이 아니다. 오늘날에는 경쟁사가 전 세계에 존재한다. 고객의 니즈에 더 잘 반응하는 중국 기업과 인도 기업은 결국엔 미국 기업을 앞지르게 될 것이다. 가전, 스마트폰, 태양광에너지, 모바일 결제 산업에서 중국 기업은 이미 미국 기업을 앞서고 있다.

기업의 성장과 생존을 위해서만이 아니라 국가 경제의 건전성을 위해서도 미국 기업의 근본적인 변화가 시급하다. 그렇지 않으면 미국이 오랫동안 누린 번영은 종말을 맞게 될 것이다. 자본과 인재는 기업이 고객을 위해 가치를 창출하는 나라로 유출될 것이다. 다윈의 자연선택설은 동물의 왕국에서처럼 글로벌 경제에도 적용된다. 글로벌 고객의 니즈가 변화하는 시대에 생존의 핵심은 고객의 니즈에 집중하고 경쟁자보다 더 빠르게 더 잘 적응하는 것이다. 미국 기업도 아주 늦지는 않았다. 그러나 그들은 반드시 초점을 바꾸고 새로운 전략을 도입해야 한다. 지금이 바로 그때다.

고객 중심의
파괴적 혁신 진단하기

이 진단지의 질문에 답해봄으로써 기업의 파괴적 혁신 잠재력과 업계 내에서의 기회를 평가하고, 기업이 고객에게 더 집중할 방법을 파악할 수 있을 것이다.

이 진단지는 여러 가지 목적으로 이용될 수 있다. 당신이 시장을 뒤흔들고 싶은 스타트업이라면 이 진단지를 통해 기회가 드러날 것이다. 당신이 기성 기업의 리더라면 새롭고 더 효과적인 전략을 파악하는 데 도움이 될 것이다. 당신이 구직자라면 당신을 고용할 회사의 성장 잠재력을 가늠해볼 수 있을 것이다. 마지막으로 만약 당신이 투자자라면 이 진단지를 통해 시장을 선도할 기업을 알아볼 수 있을 것이다.

이 진단지를 이용하는 목적이 무엇이든, 답을 찾고 입증하기 위해 더 많은 정보를 활용할수록 그 기업에 대한 관점은 더욱 명확해질 것이다.

• 얼마나 고객 중심적인가

파괴적 혁신 잠재력을 파악하는 가장 좋은 방법은 기업이 얼마나 고객 중심적인지 평가하는 것이다.

1. 기업이 어떤 고객 니즈를 해결하고 있는가? 해결하지 않고 있는가?

2. 기업의 제품과 서비스는 고객의 니즈를 얼마나 잘 해결하는가?
   - 기업이 고객 니즈를 해결할 수 있는 다른 방법은 무엇인가?
   - 기업의 제공물은 각각의 세그먼트와 시장에서 얼마나 차별화되는가?
   - 고객의 불만은 무엇인가?
   - 기업의 경영진은 그러한 불만을 어떻게 해결하고 있는가?

3. 기업은 베이비 붐 세대와 밀레니얼 세대에게 얼마나 효과적으로 판매하고 있는가?
   - 기업의 제품과 서비스와 관련해 밀레니얼 세대의 니즈는 베이비 붐 세대의 니즈와 얼마나 다른가?
   - 기업은 밀레니얼 세대에게 얼마나 성공적으로 판매하고 있는가?

4. 기업의 혁신과 기술은 고객의 특정한 니즈를 충족하기 위해 개

발되었는가, 아니면 기술 그 자체를 위해 개발되었는가?

- 기업의 혁신과 기술 전략이 고객의 니즈를 얼마나 잘 해결했
  는가?
- 해결되지 못한 니즈는 무엇인가?
- 기업이 기술을 활용해서 또는 활용하지 않고서 어떻게 그 니
  즈를 해결할 수 있는가?

● 고객 중심 전략의 효과

일단 기업이 고객의 니즈를 이해하면 반드시 그 니즈를 만족시켜
야 한다. 올바른 전략을 사용하느냐가 사업의 장기적 성공을 결정
한다.

1. 기업의 현재 전략은 무엇인가? 그 전략들은 얼마나 고객 중심적
   인가?

2. 전략에 대한 고객의 반응은 어떤가?

3. 고객의 피드백/반응이 장기적 위험에 어떤 힌트를 주는가?

4. 더 고객 중심적인 전략이 기업에 어떤 혜택을 줄 수 있는가?

• 기존 고객의 증가

기존 고객이 더 소비하게 만들어 수익을 창출하는 것이 비즈니스의 궁극적인 목적이다. 이에 능숙한 기업은 누구나 승자가 된다.

1. 기업의 기존 고객(또는 고객 세그먼트)이 1년 전과 비교해 얼마나 더 많이 또는 더 적게 소비하는가? 2년 전과 비교하면 어떤가?
    - 더 많이 소비하지 않는다면 이유는 무엇인가?

2. 고객이 더 많이 소비하도록 유도하기 위해 기업은 어떤 프로그램을 도입했는가?
    - 추가 매출을 창출하는 데 그 프로그램이 얼마나 효과적인가?

3. 각 프로그램이 중간이윤에 어떤 영향을 끼치는가?
    - 수익성 추이는 어땠는가?
    - 무엇이 수익성 증가 또는 감소를 일으켰는가?

4. 경쟁사가 얼마나 빠르게 기업의 전략을 따라잡고 있는가? 그들은 기존 고객에게서 나오는 매출을 증대하기 위해 전략을 어떻게 수정했는가?

● 저렴한 개인화

2020년부터 2025년 사이 밀레니얼 세대가 주요 소비 집단이 되면 개인화 제품과 서비스의 수요가 증가할 것이다. 개인화를 저렴하게 제공하는 기업이 가장 크게 성공할 것이다. 또 서비스가 매력적일수록 더 성공적일 것이다.

1. 기업이 단순히 제품과 서비스를 판매하는 것보다는 고객의 니즈를 해결하는 데 얼마나 능숙한가?

2. 기업의 제품과 서비스는 얼마나 개인화돼 있는가?
   - 기업은 제품과 서비스를 고객 개인에게 얼마나 잘 맞춤화했는가?
   - 기업의 맞춤형 서비스에 대한 고객의 반응은 어떠한가?

3. 기업의 맞춤형 제공물의 가격은 얼마나 저렴한가?
   - 기업은 단순히 표준 제품과 서비스를 제조하기보다는 개인화된 (맞춤형) 제공물을 제공할 준비가 얼마나 잘돼 있는가?
   - 저렴한 개인화를 위해 운영에 변화를 추구할 때 기업이 직면한 과제는 무엇인가?

● 고객의 니즈에 신속하기 대응하기

우리는 즉각적인 만족의 시대에 살고 있다. 고객이 구매하는 것이 자동차이건 맞춤 정장이건 고객은 당장 그것을 갖고 싶어 한다. 당신이 그것을 신속하게 제공하지 못하면 그렇게 할 수 있는 다른 누군가에게서 구매할 것이다.

1. 기업이 변화하는 고객의 니즈를 얼마나 빨리 감지하고 반응하는가?

    • 기업이 고객 니즈의 변화를 알아채는 데 얼마나 효율적인가?
    • 기업이 변화하는 니즈에 대응하기까지 고객을 얼마나 오래 기다리게 하는가? 그렇게 오래 걸리는 이유는 무엇인가?
    • 지연에 대한 고객의 반응은 어땠는가?

2. 기업이 새로운 제품과 서비스를 개발하고, 시장에 출시하고, 효과적인 서비스 모델을 구축하기까지 시간이 얼마나 소요되는가?

    • 기업이 얼마나 신속하게 새로운 제품과 서비스를 개발하고 출시할 수 있는가?
    • 고객이 어떻게 반응하는가?
    • 기업이 변화하는 고객 니즈에 대응하기 위해 서비스 모델을 어떻게 잘 변경하는가?

3. 같은 산업에 속한 다른 기업들이 얼마나 신속하게 이런 일을 처리하는가?

    - 더 빨리 대응하는 기업이 있는가?
    - 그들이 어떻게 고객의 니즈에 더 빠르게 대응할 수 있는가?
    - 고객의 반응은 어땠는가?

● 획기적인 품질

제품과 서비스를 구매하기 전에 아마존과 다른 웹 사이트에서 구매 후기를 참고하는 고객이 점점 늘고 있다. 그들은 제품의 성능, 서비스, 품질 문제를 알아보고 기업의 주장이나 광고가 아닌, 다른 고객들이 쓴 후기를 믿는다. 이런 환경에서 모든 제품과 서비스는 고객을 얼마나 만족시켰는지에 따라 제품의 장점으로 평가된다. 품질 향상만이 긍정적인 구매 후기를 통해 재구매 고객을 얻고 신규 고객을 유치하는 확실한 방법이다.

1. 고객은 기업의 제품과 서비스의 질을 어떻게 생각하는가?

    - 고객이 기업의 제품과 서비스를 어떻게 평가하는가? 고객 평가는 경쟁사의 제품과 서비스에 대한 평가와 어떻게 비교되는가?
    - 고객이 소셜 미디어상에서 기업의 어떤 측면을 극찬하거나

불평하는가? 이런 피드백에 기업이 어떻게 대응하는가?

2. 기업의 경영진은 품질을 얼마나 중요시하는가?
    - 기업의 경영진이 품질을 게임 체인저로 보는가, 형식적 요소로 보는가?
    - 기업의 경영진이 얼마나 자주 고객과 대화하고, 고객의 품질 평가를 검토하는가?
    - 기업이 고객을 중시하는 양질의 리더십을 위해 어떤 전략을 개발하고 있는가?

3. 기업의 내부 조직은 품질을 향상하고 고객을 만족시키기 위해 얼마나 노력하고 있는가?
    - 기업이 이용하는 전략 중 품질의 순위는 어디에 위치하는가?
    - 품질의 돌파구를 위해 어떤 유형의 자원을 투입하는가?
    - 기업의 고객과 공급업체는 품질 향상 프로그램에 얼마만큼 관여하는가?
    - 기업이 운영 팀에 어떤 유인책을 사용하는가? 그러한 유인책이 품질 향상에 도움이 되는가?

● 기업 쇄신

당신의 기업은 지금 매우 성공한 상태일 수도 있다. 그러나 변화하는 고객의 니즈에 맞춰 다시 태어나지 않으면 실패할 것이다. 무슨 일이건 미래를 예측하기란 어렵다. 특히 원하는 것이 계속 바뀌는 고객의 경우에는 더욱 미래를 예측하기 어렵다. 미래를 예측하는 유일한 방법은 고객의 니즈에 부합하는 전략을 세우는 데 능숙해지는 것이다. 그런 뒤에는 그 전략을 계속 업데이트한다. 당신의 조직 전체가 고객의 니즈가 발생할 때, 심지어 발생하기 전에, 고객의 니즈를 파악하고 대응할 태세를 갖출 때만 고객 니즈에 부합하는 전략을 도출할 수 있다.

1. 기업은 미래의 고객을 기쁘게 하기 위해 어떤 계획을 세웠는가?
   - 기업이 미래의 고객이 원하는 것을 어떻게 파악하는가? 이 과정에서 고객, 공급업체, 외부 이해관계자는 어떤 역할을 하는가?
   - 기업이 미래의 고객 니즈를 만족시키는 데 도움을 주는 전략은 무엇인가?

2. 미래의 니즈를 파악하고 대응하기 위해 기업은 어떤 조직적 역량을 갖추었는가?
   - 기업의 경영진이 어떤 방식으로 팀에 자율권을 부여하는가? 자율권에 대한 팀의 피드백은 무엇이었는가? 자율권을 강화하기 위한 기업의 계획은 무엇인가?
   - 기업이 디테일에 대한 집중의 중요성을 조직 전체에 어떻게 주입하고 있는가? 경영진과 관리자는 어떤 방식으로 디테일

에 대한 집중을 옹호하고 직원을 교육하는가?

● 고객 중심 전략 실행

모든 전략이 모든 기업에 적합한 것은 아니다. 리더는 고객의 니즈를 가장 잘 만족시킬 전략을 선택하고, 어떻게 조직이 이 전략을 지원하고 실행하게 만들지 파악해야 한다.

1. 기업에 적합한 고객 중심 전략은 무엇인가?

    - 업계에서 고객의 니즈는 무엇인가? 기업은 어떤 니즈를 해결하는 데 집중해야 하는가? 그 이유는 무엇인가?
    - 기업이 고객의 니즈를 더 잘 해결하게 도와줄 전략은 무엇인가? 그 이유는 무엇인가?

2. 기업은 이러한 전략을 어떻게 실행할 것인가?

    - 새로운 전략을 실행하는 데 있어 리더들의 역량과 의지는 얼마나 강한가? 경영진이 새로운 전략에 동조하게 하려면 어떤 유인책이 필요한가?
    - 미래에 조직이 어떻게 구성돼야 하고, 어떤 기업 문화가 필요한가? 조직 개편 시 어떤 직원 역량 개발 프로그램이 필요한가?

서문

1. Dr. Rana Metha 외, 아유르베다 2.0: 변화의 정점(Kerala: 인도 산업과 프라이스워 터하우스쿠퍼스의 연합, 2018년 11월), https://goo.gl/zs7Azo; ET Bureau, "파탄 잘리, 내년까지 HUL 추월할 계획, 기업공개는 고려하지 않음," 〈이코노믹타임스〉, 2018년 1월 17일, https://goo.gl/bPM12M.

2. 캠페인 인디아 팀, '고아페스트 2017: 전 세계를 휩쓴 인도 인기 아유르베다 브랜드, 파탄잘리', 〈캠페인 인디아〉, 2017년 4월 6일, https://goo.gl/11zTzJ.

3. Masoom Gupte, 'HUL CEO 산지브 메타, 성공적인 네 가지 혁신 비법을 소개 하다', 〈이코노믹타임스 인디아〉, 2017년 1월 9일, https://goo.gl/geJnEi; TRA Research, '브랜드 신뢰도 보고서 2017 순위', https://goo.gl/VCm7id.

4. Jamshid Vayghan, '옳은 일을, 제대로 하기', 〈포브스〉, 2018년 2월 21일, https:// goo.gl/6Z6TyE.

1장
고객의 니즈가 파괴적 혁신을 주도한다

1. '일본 의류업체 스타트 투데이, 의류 소매업에 미래를 경험하게 하다', 〈이코노미스 트〉, 2018년 8월 18일, https://goo.gl/1C5Rdj.

2. Jay Yarow, '스티브 잡스의 전기에 담긴 최고의 명언들', 〈비즈니스인사이더〉, 2011 년 10월 26일, https://goo.gl/qEc1Jr.

3. Stephen Silver, '누구도 가능하다고 생각지 못한 초기 아이폰 이야기', 〈애플인사이더〉, 2018년 6월 29일, https://goo.gl/bpHKGX.

4. Jenni Marsh, '애플을 누르고 아프리카에 진출한 중국 휴대전화 대기업', CNN 비즈니스, 2018년 10월 10일, https://goo.gl/cXue5f.

5. Meng Jing, '중국 스마트폰 제조사는 어떻게 삼성, 애플과 해외시장에서 경쟁하는가', 〈사우스차이나모닝포스트〉, 2017년 8월 1일, https://goo.gl/bYiZYK; Newley Purnell, Tripp Mickle, '완패: 애플 아이폰 세계 최대의 미개척 시장에서 참패하다', 〈월스트리트저널〉, 2018년 12월 18일, https://goo.gl/Z2qRjf; C. Scott Brown, '유럽 내 샤오미 시장점유율 폭증', 〈안드로이드어소리티〉, 2018년 5월 11일, https://goo.gl/BCnCuX.

6. Arjun Kharpal, '화웨이의 고전에도 불구하고 미국에 진출하는 중국 스마트폰 제조사', CNBC, 2018년 3월 1일, https://goo.gl/Q5zGfV.

7. Paul Davison, '경제는 여전히 베이비 붐 세대가 이끈다―그들이 아니면 누구겠는가?', 〈유에스에이투데이〉, 2017년 7월 17일, https://goo.gl/xSFYF7.

8. Don Peppers, '어떻게 3M이 혁신 마법을 잃게 되었나(그리고 어떻게 되찾았나)', 〈아이엔시〉, 2016년 5월 9일, https://goo.gl/yMNXgA.

9. Savanna Swain-Wilson, "Z세대가 부모 세대와 다르게 소비하는 10가지 방법", 〈인사이더〉, 2018년 11월 28일, https://goo.gl/dWYXao.

10. 골드먼삭스, '성년을 맞은 밀레니얼 세대', https://goo.gl/vM5vtG.

11. Graham Rapier, '부모 세대와 전혀 다른 밀레니얼 세대의 커피 선호도―열매를 거둘 준비가 된 스타벅스', 〈비즈니스인사이더〉, 2017년 10월 30일, https://goo.gl/LVcgxF.

12. 웹엠디 헬스 서비스, '밀레니얼 세대의 사고방식: 건강, 웰니스, 절제', 웹엠디, 2016년 3월 8일, https://goo.gl/8q4VY7; Joshua D. Detre, Tyler B. Mark, Benjamin M. Clark, '대학 교육을 받은 밀레니얼 세대가 농산물 시장에서 장 보는 이유: 루이지애나 주립대학교 학생 분석', 〈저널오브푸드디스트리뷰션리서치〉 41, no. 3(2010년 11월), https://goo.gl/EMqNc4.

13. Julian Ryall, '일본의 밀레니얼 세대 남성은 술을 마시지도, 운전을 하지도, 일을 숭

배하지도 않는다—그들의 관심사는 무엇인가?', 〈사우스차이나모닝포스트〉, 2017년 2월 4일, https://goo.gl/zaiDFt.

14. 타임 비디오, 'Z세대가 세상을 어떻게 변화시킬 것인가', 〈타임〉, 2018년 4월 23일, https://goo.gl/wciVmF.

15. Josh Macallister, '노동의 미래: Z세대에 대해 알아야 할 사실', 〈HR 테크위클리〉, 2018년 11월 29일, https://goo.gl/UDgWru.

16. Jamal Carnette, '투자자가 캠벨 수프의 고전에 관심을 기울여야 하는 이유', 미국 투자 전문 매체 머틀리 풀, 2018년 6월 10일, https://goo.gl/63iq5R.

17. Edmund Andrews, '기술 파괴는 경제에 이로운가?', 스탠퍼드대학교 경영대학원, 2017년 1월 23일, https://goo.gl/DR4x1n.

18. Hans Greimel, Naoto Okamura, '일본, 플라잉 자동차 운행을 위해 스바루, 우버, 보잉을 유치하다', 〈오토모티브뉴스〉, 2018년 9월 8일, https://goo.gl/P1gWYP.

19. Richard Windsor, '웨이모가 난관에 부딪혔다면, 모두가 자율 주행 난관에 봉착했음에 틀림없다', 〈포브스〉, 2018년 11월 28일, https://goo.gl/416JF2; David Biello, '전기 차가 반드시 친환경적인 것은 아니다', 〈사이언티픽아메리칸〉, 2016년 5월 11일, https://goo.gl/CWLD7k.

20. 미국 소비자만족지수, '퍼블릭스 vs. 트레이더조, 코스트코 vs. 비제이스, 타깃 vs. 월마트: 미국 소비자만족지수 점수가 소비자가 선호하는 소매업체 보여주다', 2018년 2월 27일, https://goo.gl/AtHXnM.

2장
변화하는 고객 니즈를 어떻게 해결할 것인가

1. William D. Cohan, '우량 기업의 부채가 누적되고 있다면, 걱정할 때다', 〈뉴욕타임스〉, 2018년 11월 26일, https://goo.gl/M4VGFA.

2. '정책과 방침', P&G, https://goo.gl/AwsM3U.

3. Sharon Terlep, Allison Prang, '소폭의 판매 증가 이후 소비 약세에 혼란스러운 P&G', 〈월스트리트저널〉, 2017년 10월 27일, https://goo.gl/udEQmk.

4. 트라이안 파트너스, 'P&G를 되살리자: 화이트 투표용지에 투표하자', 트라이안펀드 매니지먼트, 2017년 9월 6일, https://goo.gl/5hRa8J.

5. Carola Frydman, Dirk Jenter, 'CEO 보수', 〈파이낸셜이코노믹스 2 연례 보고서〉, no. 1(2010년 12월): 75–102. https://goo.gl/y9KU72.

6. Sean O'Kane, '일론 머스크가 제시한 26억 달러 규모의 새로운 직원 보수 계획을 테슬라 주주가 승인', 〈더 버지〉, 2018년 3월 21일, https://goo.gl/K2rtJi; Matthew DeBoard, '공매자를 신경 쓰지 않던 일론 머스크–왜 이제야 왜 관심을 가지는가', 〈비즈니스인사이더〉, 2018년 8월 17일, https://goo.gl/FvtLRB.

7. Matt Egan, '미국 기업 자사주 매입에 사상 최대 1조 달러 투입', 〈CNN 비즈니스〉, 2018년 12월 17일, https://goo.gl/F8oZ4k.

8. Oriana Bandiera 외, '1,000명의 CEO가 하루를 보내는 방법 조사 결과 리더의 성공 비결 밝혀져', 〈하버드비즈니스리뷰〉, 2017년 10월 12일, https://goo.gl/zyJhwR; Jeff Cox, 'GE'의 흑자 전환 계획', CNBC, 2017년 11월 13일, https://goo.gl/P2Uzun.

9. Sharon Terlep, '면도기에 날을 추가하는 대신 가격을 낮춘 질레트', 〈월스트리트저널〉, 2017년 11월 29일, https://goo.gl/8wFwSv.

10. Arjun Kharpal, '밀레니얼 세대를 위해 중저가 스마트폰에 더 많은 기술을 탑재한 삼성', CNBC, 2018년 9월 3일, https://goo.gl/6V23xa.

11. Dan Schawbel, '밀레니얼 소비자에 관한 열 가지 새로운 발견', 〈포브스〉, 2015년 1월 20일, https://goo.gl/JELjy8; David Kirkpatrick, '연구: 밀레니얼 세대의 78퍼센트는 유명인의 말에 영향을 받지 않는다', 〈마케팅다이브〉, 2017년 12월 4일, https://goo.gl/iwkjmA.

12. Marie-Josee Cougard, '스마트폰의 희생양, 추잉 껌', 〈레 제코〉, 2017년 6월 25일, https://goo.gl/jNDiUA; Mary Pflum, '당신은 곧 월마트에서 계산대에 가지 않고 계산할 수 있게 된다', NBC, 2018년 10월 30일, https://goo.gl/1LqPSB.

13. Neil Howe, '밀레니얼 세대가 유명 브랜드를 죽이고 있나?', 〈포브스〉, 2018년 11

월 20일, https://goo.gl/moqq9X.

14. Nick Kostov, Suzanne Vranica, '마케터가 변화를 촉구하자 메디슨가에 이는 혼란', 〈월스트리트저널〉, 2018년 3월 1일, https://goo.gl/uoFRgC; Lucy Handley '주요 마케터는 광고 사기에 대해 심각히 우려−언론이 해야 할 일', CNBC, 2017년 9월 26일, https://goo.gl/FCx539.

15. Brian Pascus, '세계 3대 항공사 위탁 수화물 수수료 인상', 〈비즈니스인사이더〉, 2018년 9월 20일, https://goo.gl/WP471V; Brian Sumers, '미 의회, 5대 항공사 임원에게 고객 서비스 향상 필요성 경고', 〈스키프트〉, 2017년 5월 2일, https://goo.gl/dPV3Jb.

16. '글로벌 기업의 후퇴', 〈이코노미스트〉, 2017년 1월 28일, https://goo.gl/1fXbkL.

17. OpenSecrets.org, '선도 산업', 대응정치센터, https://goo.gl/aPrwru. 2019년 2월 15일 접속

18. Derek Thompson, '그릭 요거트가 이만큼 인기를 얻게 된 배경은?', 〈애틀랜틱〉, 2011년 8월 23일, https://goo.gl/8NUS9u.

19 Megan Durisin, '초바니 CEO: 우리의 성공은 요거트와 관련이 없다', 〈비즈니스인사이더〉, 2013년 5월 3일, https://goo.go/9zXpTH.

20. Steve Tobak, '왜 해고가 당신에게 가장 좋은 일이 될 수 있는가', CBS 뉴스, 2011년 7월 28일, https://goo.gl/A513b3.

3장
기존 고객으로 승부하라

1. Amy Gallo, '기업에 적합한 고객을 유지하는 것의 중요성', 〈하버드비즈니스리뷰〉, 2014년 10월 29일, https://goo.gl/rkxjSR.

2. Panos Mourdoukoutas, '월마트는 고객과 직원에게 다시 연결돼야 한다', 〈포브스〉, 2016년 2월 18일, https://goo.gl/4KahVS.

3. Gallo, '기업에 적합한 고객을 보유하는 것의 중요성'; Fred Reichheld, '비용 절감을 위한 처방', 베인앤컴퍼니, https://goo.gl/WzkGmD.

4. Heather Haddon, Laura Stevens, '주목하라, 홀푸드에서 쇼핑하는 아마존 프라임 고객들에게 희소식이다', 〈월스트리트저널〉, 2018년 6월 16일, https://goo.gl/meRcfC.

5. Jack Neff, '연구: 충성도 프로그램에 수십억 달러를 투자했지만 더 변덕스러워진 고객', 〈애드에이지〉, 2017년 2월 14일, https://goo.gl/xGcEmJ.

6. Laura Berman, '메이시스 11년 연속 동일 매장 판매 감소', 〈더 스트리트〉, 2017년 11월 11일, https://goo.gl/A8K8eL.

7. '고객 충성도', 트레이더조, 2017년 10월 14일, https://goo.gl/gYVRfJ.

8. J. P. Mangalindan, "컴캐스트 CEO: 고객 서비스 위기 때문에 '나는 얼굴을 들 수 없었다'", 〈포춘〉, 2014년 11월 13일, https://goo.gl/pPQABz; Stephanie Mlot, '컴캐스트는 미국인이 가장 싫어하는 기업', PC, 2017년 1월 12일, https://goo.gl/G68gdC.

9. Khadeeja Safdar, Laura Stevens, '아마존, 상습 반품 고객 거부', 〈월스트리트저널〉, 2018년 5월 22일, https://goo.gl/EYxErz.

10. Eric Jordan, '여행 가방의 품질보증기간이 정말 이렇게 길다고?', 〈콘데나스트트래블러〉, 2015년 6월 26일, https://goo.gl/tCYHGf.

11. Chavie Lieber, '아마존 프라임이 온라인 쇼핑을 장악한 비결', 〈랙트〉, 2018년 7월 16일, https://goo.gl/Bgha6V.

12. Jonathan Vanian, '아마존 프라임 회원 1억 명 돌파', 〈포춘〉, 2018년 4월 19일, https://goo.gl/uQtZDC.

13. Khadeeja Safdar, '타깃, 아마존보다 저렴한 2일 내 무료 배송 선보여', 〈월스트리트저널〉, 2018년 10월 23일, https://goo.gl/FCL1Nx.

14. Michael R. Levin, '아마존 프라임 회원은 멤버십을 유지한다', 〈허핑턴포스트〉, 2016년 6월 7일(2017년 12월 6일 업데이트), https://goo.gl/eiDBvG.

15. Tanya Powley, '추가 예산 삭감과 합병에 직면한 유럽 항공사', 〈파이낸셜타임스〉, 2017년 8월 10일, https://goo.gl/RqD9Xe.

4장
개인화는 사치품이 아니다

1. '스타벅스 동일 매장 판매량', 〈이마케터 리테일〉, https://goo.gl/DF3Zin. 2019년 2월 15일 접속.

2. Liza Lin, Laura Stevens, '아마존이 중국에서 전성기(Prime Time)를 누릴 준비가 안 된 이유', 〈월스트리트저널〉, 2017년 8월 27일, https://goo.gl/DKnQHk.

3. Kelsey Lawrence, '밀레니얼 세대가 컨트리클럽에 가입하지 않는 이유는?', 〈시티랩〉, 2018년 7월 2일, https://goo.gl/eqxaGm.

4. James Cox, '버버리, 지난해 3,650만 달러 상당의 미판매 의류 소각', 〈뉴욕포스트〉, 2018년 7월 19일, https://goo.gl/rL77UC.

5. Pamela N. Danziger, '미국 밀레니얼 세대를 잃을 위기에 처한 명품 브랜드: 그들을 되찾을 방법', 〈포브스〉, 2017년 9월 11일, https://goo.gl/tRSc5V.

6. David Fickling, '주요 자동차 제조사, 판매 규모가 다가 아니다', 〈블룸버그〉, 2017년 8월 1일, https://goo.gl/vZqnFG.

7. Alex Mayyasi, Priceonomics, '어떻게 스바루가 레즈비언이 타는 차로 생각되는 것일까?', 〈애틀랜틱〉, 2016년 6월 22일, https://goo.gl/U8sfP4.

8. Sean McLain, '스바루, 소규모 제조에 승부를 걸다', 〈월스트리트저널〉, 2017년 5월 21일, https://goo.gl/6RLT6K.

9. Stuart Heaver, '홍콩 재단 산업의 부흥과 몰락', 〈포스트매거진〉, 2016년 8월 19일 (2016년 8월 22일 업데이트), https://goo.gl/HjzjEM.

5장
고객은 기다리지 않는다

1. Alan Wolf, '인내심이 적은 밀레니얼 세대에게 웹 사이트 지연은 재앙', 〈트와이스〉,

2016년 10월 14일, https://goo.gl/Poab6q.

2. Leon Poultney, '이봐, 테슬라, 실제로 자동차를 만들기가 얼마나 어렵기에?', 〈와이어드〉, 2018년 4월 22일, https://goo.gl/m3W9vF.

3. Joan Schneider, Julie Hall, '대부분의 제품 출시가 실패하는 이유', 〈하버드비즈니스리뷰〉, 2011년 4월, https://goo.gl/3HKvUY.

4. Deborah Weinswig, '소매업체는 자라처럼 생각해야 한다: 8월의 패션 트레이드 쇼 '매직'에서 얻은 교훈', 〈포브스〉, 2017년 8월 28일, https://goo.gl/2ejMsd.

5. Todd Haselton, '보고서에 따르면 애플은 아이폰X를 더 일찍 출시했어야 했다', CNBC, 2017년 12월 5일, https://goo.gl/DjbDGf.

6. Mike Colias, 'GM, 수요 부진으로 디트로이트 자동차 공장 가동 중단', 〈월스트리트 저널〉, 2017년 10월 12일, https://goo.gl/16TDns.

7. Christopher Muther, '즉각적인 만족이 우리를 끊임없이 초조하게 만든다', 〈보스턴 글로브〉, 2013년 2월 2일, https://goo.gl/qbYhXC.

6장
적당히 좋은 품질은 없다

1. Michael Bartiromo, '애널리스트에 따르면, 칙필레 2020년까지 미국 내 3위 패스트푸드 레스토랑으로 성장할 것으로 기대', 〈폭스뉴스〉, 2018년 4월 3일, https://goo.gl/6E6gK1.

2. '우리의 식재료는 어디에서 오는가', 칙필레, https://goo.gl/V6xoNJ.

3. Kate Samuelson, '논란이 된 삼성 갤럭시 노트7 스마트폰의 간략한 역사', 〈타임〉 2016년 10월 11일, https://goo.gl/UvwZvL.

4. Aaron Pressman, '갤럭시 노트7 사고로 인해 삼성 스마트폰의 글로벌 판매 급락', 2017년 1월 31일, 〈포춘〉, https://goo.gl/qrDt6W.

5. Catherine Rampell, '3가지 큰 실패와 미국 자동차 제조', 〈뉴욕타임스〉, 2008년 11

월 19일, https://goo.gl/rSG33a.

6. '애플 CEO가 말하는 애플 제품이 (다소) 비싼 이유', 〈허핑턴포스트〉, 2013년 2월 12일, https://goo.gl/QqJoP4.

7. Rune Jacobsen 외, '할인 마트가 식료품 산업에 일으킨 변화', 〈BCG〉, 2017년 4월 21일, https://goo.gl/7b9jvn.

8. '우리의 성과와 업적', 카타르항공, https://goo.gl/LrS6CV.

9. '2016/17 연례 보고서, 항공사 연 매출 10.4퍼센트 증가', 카타르항공, 2017년 6월 11일, https://goo.gl/UzjZFB.

10. '혼다 보도에 따르면, 타카타 에어백 결함으로 인한 20번째 사망자 발생', CBS 뉴스, 2017년 12월 20일, https://goo.gl/k7tQbj.

7장
지금까지의 전략을 모두 버려라

1. Joanna Stern, '제프 베이조스: 이상에 도전하는 현실적인 CEO', ABC News, 2013년 9월 25일, https://goo.gl/Mo2NEj.

2. Grace Donnelly, '아몬드 우유와 두유 판매 증가로 유기농 우유 생산 잉여를 겪는 낙농가', 〈포춘〉, 2018년 1월 2일, https://goo.gl/HsE7aw.

3. Rupali Arora, '중국 100대 기업', 〈포춘〉, 2007년 8월 28일, https://goo.gl/nAqssp; '2018년 중국 500대 기업', 〈포춘 차이나〉, 2018년 7월 10일, https://goo.gl/UACiqB.

4. Bill Fischer, Umberto Lago, Fang Liu, 《다시 태어나는 거대 기업: 중국 글로벌 기업 하이얼이 대기업의 개혁 방식을 바꾸어놓다》, 샌프란시스코: Jossey-Bass, 2013.

5. Bill Fischer, Umberto Lago, Fang Liu, '하이얼이 성공에 이르는 길', 〈스트래티지+비즈니스〉, 2015년 4월 27일, https://goo.gl/g5Srkh.

6. Suparna Dutt D'Cunha, "인도 모디 총리 '메이크 인 인디아'를 앞세워 기업 유치에

나섰지만 불발된 계획", 〈포브스〉, 2017년 7월 24일, https://goo.gl/WS53cG.

7. '세계에서 가장 가치 있는 브랜드', 〈포브스〉, https://goo.gl/vnLbQZ.

결론

1. Stephen Adams, '수백만 명이 불필요하게 스타틴 복용', 〈텔레그래프〉, 2011년 1월 19일, https://goo.gl/zqgRD6.

2. '가장 충성도 높은 고객을 보유한 자동차 브랜드는 무엇인가?', 〈카맥스〉, 2018년 7월 12일, https://goo.gl/p9mZ63.

3. Lisa Fu, '신차는 대부분의 미국인이 구매할 형편이 되지 않는다', 〈포춘〉, 2017년 6월 28일, https://goo.gl/zVYNv3.

4. 아마존 채용, https://goo.gl/1wtEHi, 2019년 2월 15일 접속.

5. '고객 서비스', 사우스웨스트항공, https://goo.gl/HsYfJS. 2019년 2월 15일 접속.

6. Jay Yarow, '애플 영업의 비밀 밝혀지다: 고객을 가르치려 하지 말고 A.P.P.L.E. 규칙을 따르라', 〈비즈니스인사이더〉, 2011년 6월 15일, https://goo.gl/ybhyri.

7. Julie Weber, '사우스웨스트항공이 헌신적인 직원을 채용하는 비결', 〈하버드비즈니스리뷰〉, 2015년 12월 2일, https://goo.gl/RpSTJc.

8. Matt Clinch, '애플이 미국의 쇠퇴를 촉발한 배경', CNBC, 2014년 10월 13일, https://goo.gl/vfnG1u; Jason Kararian, '핀란드의 침체된 경제가 다시 움츠리고 있다', 〈쿼츠〉, 2017년 8월 15일, https://goo.gl/KXrMUZ.

감사의 말

나는 고객을 생각하며 이 책을 구상했다. 자산 문제에 대해 나를 신뢰해준 고객들 덕분에 나는 이 책에 담긴 아이디어를 실험하고 발전시킬 수 있었다. 나의 고객과 그들의 팀에 깊은 감사를 전하고 싶다.

개발 편집자 리비 코노펜은 책의 틀을 잡는 데 도움을 주었다. 코노펜은 복잡한 개념을 이해하기 쉬운 글로 쉽게 풀어냈다. 코노펜이 책의 자연스러운 흐름을 위해 각 장의 구조를 잡아주어서 많은 도움이 되었다. 앨런 판함과 알리슨 해럴드의 노고에도 감사드린다. 판함과 해럴드는 글쓰기 기초 작업과 구조화 작업에 참여했다. 판함은 논리 정연하게 글을 쓰는 능력이 뛰어난 작가이며, 해럴드는 마케팅의 귀재다. 그들의 노고에 감사한다.

나의 동반자 니하리카 람데브는 인내심을 가지고 모든 장을 검토해주었고, 이 책이 제안하는 몇 가지 개념을 지적했다. 그녀의 관점 덕분에 더 실용적인 책이 탄생할 수 있었다. 나는 원고를 꼼꼼히 검토하고 귀한 피드백을 준 CSX운송의 최고 재무 책임자 프랭크 로네그로에게도 감사를 전한다. 또 찰스 위자야와르드하나가 페덱스와 CSX에 근무하며 축적한 글로벌 운송 산업에 대한 귀한 식견을 공유해준 덕분에 이 책의 내용이 더욱 풍성해졌다. 인내심을 가지고 모든 장을 검토하고 개선점을 제시해준 라메시 카스카르에게 또한 특별히 감사드린다.

책을 만드는 과정 동안 사려 깊은 비평을 해준 베렛쾰러출판사의 편집자 닐 마이예와 지반 시바수브라마니암에게도 감사드린다. 그들의 적극적인 코칭과 협업이 없었다면 이 책은 세상에 나올 수 없었을 것이다.

마지막으로 나의 에이전트 마이클 스넬에게 감사한다. 나에 대한 변함없는 그의 신뢰가 큰 힘이 됐다.